KB239778

_____님께

하나님의 위대한 주인공이 되시기를
기도합니다.

전 세계 2천여 명 심장병 환자들의 아버지
'작은 거인' 이정재 회장의 감동 고백

전 세계의

심장을 뛰게하라

이정재 지음

베드로서원

C O N T E N T S

PART2

세상에서 가장 큰 부자로 사는 사람들

PART3

전 세계를 가슴에 품고

PART4 축복의 길

당신의 심장은 지금 뛰고 있는가?

    사람의 몸에 있어 가장 중요한 부분은 어디일까? 물론, 중요하지 않은 부분은 없지만, 나는 그 중 하나를 고르라면 주저 않고 심장을 고른다. 심장은 우리 몸 전체에 피를 보내는 가장 중요한 기관이며 우리의 영혼이 깃드는 공간이라고 믿는다.

    나는 1984년 거제도에 있는 대우조선해양 작업장에서 죽음을 경험했다. 24미터 높이에 있는 작업대에서 그만 잘못해서 바닥으로 떨어졌다. 그때 모든 사람들은 내가 죽었다고 생각했다. 그 높이에서 떨어지고 살아남기를 기대하기는 어려웠기 때문이다. 설혹 살아난다 해도 평생을 식물인간의 상태로 살게 될 것이 뻔했다.

    그 절대절명의 삶과 죽음의 기로에서 나는 하나님을 만났다. 그리고 하나님께 내가 살아난다면 내 삶을 온전히 하나님께 바치겠다고 서약했다. 그렇게 시작된 나의 사역은 전 세계 심장병 환자들에게 무료로 수술을 시켜주는 일이었다. 바로 밀알심장재단이 하는 일이다.

지난 25년 동안 나는 헤아릴 수 없이 많은 하나님의 기적을 체험했다. 우리는 정부의 보조 한 푼 없이 순수하게 후원자들의 기부와 자력으로 지금까지 사역해왔다. 그동안 한국, 중국, 베트남, 필리핀, 캄보디아, 인도, 몽골 등 전 세계 심장병 환자 2,300여 명의 죽어가는 심장을 그리스도의 새 심장으로 박동하게 만들었다. 그 과정은 생생한 기적의 현장이었고, 그 뜨거운 감동은 나의 심장을 뛰게 만들었고 수많은 봉사자들과 후원자들의 심장을 뛰게 만들었다.

동시에 그 25년의 사역에는 수많은 사람들의 희생과 눈물, 아픔과 헌신이 있었다. 그것이 없었다면 밀알의 작은 씨앗은 결코 싹을 틔우지도, 성장할 수도 없었을 것이다. 많은 후원자들의 아름다운 헌신이 있었기에 2,300여 명의 심장병 어린이 수술이라는 풍성한 열매가 맺힐 수 있었던 것이다.

지난 25년의 삶을 뒤돌아보면 나에게는 하루하루가 심장이 뛰는 행복한 시간이었다. 아무런 능력도 없고 초라하기 그지없는 자를 하나님이 위대한 역사의 한가운데로 인도하셨기 때문이다. 지나간 시절을 곰곰이 생각해보면 모든 것이 하나님의 은혜였다. 하나님의 은혜가 없었다면 나는 오늘 이 자리에 절대 설 수 없었을 것이다. 하나님은 나의 하루하루를 기적으로 채워주셨다.

진심으로 고백하건데, 내가 한 것은 아무것도 없다. 거제도 촌부의 아들로 태어나, 큰아버지와 고모가 무당인 집안에서, 게다가 할머니와 부모님, 그리고 5형제 여덟 식구가 늘 먹을 것이 없어 옥수수 죽으로 연명하는 삶을 살던 나를 전 세계 심장병 환자들의 심장을 뛰게 하는 위대한 사역으로 초대한 것은 오직 주의 은혜라고 밖에는 설명할 길이 없다.

아울러 심장이 뛰는 사역에 함께 해준 동역자 여러분께 감사드리지 않을 수 없다. 병원에서, 먼 이국의 땅에서, 한국의 밀알 사무실에서, 교회에서, 자신의 일을 제쳐둔 채 밀알의 사역에 앞장서 주신 수많은 동역자들, 항상 바쁜 가운데서도 따뜻한 협력을 아끼지 않던 복음가수 찬양 사역자들, 그리고 음향과 영상으로 수고해 주신 많은 분들, 나는 이 분들의 노고에 진심으로 감사드리며 하나님의 축복을 기도한다.

밀알의 사역은 이제 지난 25년의 사역을 마무리하고 새로운 25년의 사역을 시작하려한다. 하지만 밀알이 갖고 있는 것은 아무것도 없다. 그래도 오직 하나님의 은혜와 후원자 여러분들의 사랑으로 선교사들이 들어갈 수 없는 이 땅의 가장 외진 오지까지 예수님의 심장을 전하길 원한다.

나는 믿는다. 내가 밀알을 처음 시작할 때 기도한 것처럼 "하나님이 후원자 되시고, 예수님이 경영자 되시며, 성령님이 인도자가 되시면

이 모든 일을 넉넉히 이루게 하여 주심"을 말이다. 그것이 나의 믿음이고 신앙고백이다.

지난 25년의 사역을 정리하며 한 권의 책으로 묶는다. 이 책이 발간될 수 있도록 밀알의 사역을 이끌어준 많은 후원자, 동역자, 자원봉사자, 목사님들, 그리고 해외에서 묵묵히 사역을 감당하시는 선교사님들께 고개 숙여 감사를 드린다.

나는 이 책을 통해 한국의 많은 학생, 청년, 목회자, 선교사들에게 도전을 주고 싶다. 사역은 '내'가 하는 것이 아니다. 주님이 주신 사명에 철저히 순종할 때 기적이 일어난다. 지난 25년 동안 전 세계의 심장병 환자들을 수술하면서 나는 숨 쉴 때마다 하나님의 응답과 기적을 경험했다. 그런 경험을 통해 나는 이렇게 고백할 수밖에 없다.

"우리 주님은 재능이 많고 부자이고 좋은 대학을 나온 사람도 사용하시지만, 나처럼 부족한 사람도 들어 하나님의 위대한 일을 이루어 가신다!"

그래서 오늘도 힘든 환경 속에서 주님의 부르심에 몸부림치는 모든 사람들이 이 책을 읽고 용기를 얻어 학교를 변화시키고, 교회를 변화시키고, 나라와 전 세계를 변화시키는 위대한 주님의 종이 되기를 기대한다.

"오늘 하루, 지금 이 시간, 당신이 하는 일에,
당신의 심장은 뛰고 있는가?"

① 수술 받고 행복한 어린이
② 심장병 어린이
③ 인도 슬램가 어린이

④ 인도 심장병 어린이
⑤ 심장병 어린이 소이슬라이닛

PART1

주님이
내게 주신 소명

나의 어린 시절은 그다지 행복하지 못했다. 가난 속에서 하루하루가 힘겨웠던 부모님은 자식들을 살뜰히 보살필 마음의 여유가 없었다. 그런 속에서도 내가 신앙을 갖게 된 것은 그야말로 하나님의 은혜였다. 가난 속에서도 나는 믿음을 통해 지혜의 눈을 뜰 수 있었고 나의 소명을 발견할 수 있었다.

어떻게 보면 위기는 기회이다. 나는 대우조선해양의 작업장에서 죽음과 마주하는 절대절명의 순간을 맞았지만, 그것이 기회가 되어 지금의 내 사역을 찾아가는 전환점을 맞았다. 하나님은 소심하고 지극히 평범한 한 아이를 들어 하나님의 위대한 일꾼으로 삼으셨던 것이다.

인도 심장병 아이

실망 속에 태어난 아들

경상남도 거제시 거제면 서정리 933-6번지. 어린 시절 내가 살던 곳이다. 집은 무척이나 가난했다. 땅 한 평 가진 것 없이 남의 땅에 초가집 짓고 소 마구간을 지어 살았다. 그 옹색한 집안에서 할머니, 아버지, 어머니, 그리고 다섯 아들이 복작거리며 살았다.

하루 살기가 힘들었던 부모님은 자식을 살뜰히 보살피기가 어려웠다. 교육도 제대로 시키지 않았다. 거의 자식들을 방목하다시피 내놓고 키웠다. 간신히 초등학교를 다녔던 형들은 졸업하자마자 돈을 벌기 위해 배를 탔다.

아버지는 3남 1녀 가운데 막내였다. 그런데 놀랍게도 이 중 두 분이 무당이었다. 한 집안에서 무당이 두 명씩이나 나온 것이다. 큰아버지가 무당이었고, 고모도 무당이었는데, 모두가 한마을에서 살았다. 살림살이는 큰아버지가 제일 넉넉했다. 무당을 해서 돈도 많이 벌었고, 집과 논, 산까지 갖고 있었다. 경제적인 어려움이 없었다. 그런데도 할머니는 제일 막내인 아버지가 모셨다.

이런 집안 분위기에서 예수를 믿는다는 것은 너무나 힘들고 어려운 일이었다. 그러나 하나님이 아브라함을 불러 축복의 근원이 되게 하신 것처럼, 하나님은 이런 가정에서 4명의 목사가 나오는 이적을 일으키셨다.

나는 5형제 중 4째였다. 아버지는 내리 아들 셋을 낳고는 네 번째는 딸이 나오길 무척 기대했다. 그런데 또 아들이 태어났다. 실망한 아버지는 쓸모없는 아들이 또 태어났다고 내 이름도 지어주지 않고 호적신고도 하지 않았다. 나는 태어날 때부터 부모님의 관심에서 밀려난 자식이었다.

　나중에 안 사실이지만, 내 생년월일과 이름은 나의 실제적인 출생과는 전혀 관련이 없다. 내가 서너 살이 되었을 때 할머니는 내 손을 끌고 면사무소로 가서 출생신고를 했다. 출생일자도 대충 적었고, 이름은 면사무소 직원이 즉석에서 지어 서류에 적었다. 한심한 일이지만, 나의 일어섬과 장래를 다 아시는 하나님은 그런 과정 속에서도 역사하셨음을 믿는다.

　형들의 이름은 병전, 승전, 경전 등으로 전자 돌림이다. 만약 아버지가 돌림을 따라 내 이름을 '이정전'으로 지었다면 어떤 일이 벌어졌겠는가? '정전', 놀림감이 되기 십상인 이름이다. 하나님은 이 모든 것을 미리 아시고 내게 가장 좋은 것으로 내려주셨다. 그러니 원망하고 불평할 필요가 없다. 하나님은 사람의 실수도 더 좋은 것으로 바꾸시는 분이다.

　나는 태어나지 말았어야 할 존재였다. 하지만 하나님은 그런 연약한 존재를 불러 전 세계의 심장병 환자를 살리는 과업을 맡기셨다. 그래서 나는 우리가 보기에는 아무리 쓸모없는 것이라 할지라도 그것을 귀한 것으로 사용하시는 하나님임을 늘 고백한다. 하나님은 능력 있는 사람도 사용하시지만 부족하고 연약한 사람을 훈련시켜 위대한 사람이 되게 하시는 멋진 분이시다.

　나는 어렸을 때부터 교회를 다녔는데, 무당이 두 명씩이나 나온 집안에서 교회를 다닌다는 것은 한마디로 '죽음을 자청하는 일'이었다. 그러니 아버지가 불태워버린 내 성경책만 수십 권에 이른다. 성경책뿐만이 아니다. 아버지는 교회에 다니려면 학교도 다니지 말라며 교과서까지 몽땅 불태워버린 적도 있었다.

아버지가 나의 교회 출석을 그토록 막은 이유는 제사 때문이었다. 일가친척들이 모두 제사를 지내는데 교회를 다닌다는 이유로 제사에도 참석하지 않고, 명절 때는 제사음식은 안 먹는다고 일주일씩이나 금식 아닌 금식을 하니 교회를 못나가게 한 것이다.

심지어는 형들까지 내가 교회 다니는 것을 방해했다. 내가 예배에 참석하기 위해 나가려고 하면 위의 두 형이 교회를 가지 못하게 막았다. 몰래 집을 빠져나와 교회로 가면 형들이 교회로 나를 잡으러 왔다. 그래서 나는 단 한 번도 편안한 마음으로 예배를 드려본 적이 없었다. 형들이 잡으러 오지는 않을까, 집에 가면 또 혼나지 않을까 생각하며 불안하고 불편한 마음으로 교회를 다녔다.

아버지는 다른 방법으로 내가 교회 가는 것을 방해했다. 토요일만 되면 나를 불러 "내일은 논에 벼를 베야 하니 다른 데 가지 마라", 혹은 "내일은 마구간을 치워라", 또는 뭔가 다른 일들을 만들어 교회를 가지 못하게 했다. 나는 그런 아버지의 속내를 알고 있었다. 그래서 벼를 베어 놓으라고 하면 그 전날 토요일 밤에 논에 가서 밤새도록 벼를 벴다. 그러고는 주일날 새벽, 새벽 기도회부터 시작해서 하루 종일 교회에서 살았다. 힘들고 고단한 시간들이었지만, 나는 그런 시련과 역경들을 통해 조금씩, 조금씩 믿음의 종으로 훈련되어 갔다.

귀신이 오지 못하는 예수쟁이

요즈음은 '예수쟁이'라는 말을 들을 수 없다. 그만큼 세상이 변한 탓도 있겠지만, 기독교인들의 신앙이 전만 못한 탓도 있을 것이다.

몇 년 전의 일이다. 고등학교로 진학하게 된 나의 둘째 아이는 대안학교를 들어가고 싶어 했다. 그래서 아이의 중학교 담임선생님을 만나 사정을 설명하면서 필요한 서류를 요청했다. 물론, 아이가 대안학교로 옮기려는 이유는 신앙적인 문제였다. 그러자 아이의 담임선생님은 우리 집을 "독종 예수쟁이"라고 말했다. 아이가 공부를 잘해서 남들이 다 부러워하는 좋은 인문계 고등학교에 입학했는데 왜 대안학교를 보내느냐는 것이었다. 그러면서 아이의 담임선생님은 필요로 하는 자료를 줄 수 없다며 화를 냈다.

나는 그때 이후로는 "예수쟁이"라는 말을 듣지 못했다. 참으로 듣고 싶은 말인데 아쉽기 그지없다. 내가 어렸을 때는 '…쟁이'라는 말이 많았다. 대장쟁이, 엿쟁이, 신발쟁이 등. 그중에서도 특히 예수님을 잘 믿는 사람들에게는 '예수쟁이'라는 별명이 붙여졌다.

내가 어렸을 때 다니던 교회는 교단이 고신 측이었다. 그래서 유독 그 교회 교인들은 '예수쟁이'라는 말을 많이 들었다. 우리는 제사는 물론이고 주일날은 공부나 일도 일체하지 않았다. 오로지 예배하고 전도하는 일만 했다. 그러니 사람들이 우리를 '예수쟁이'라고 부를 만도 했다. 우리는 집에서도 예수쟁이, 학교에서도 예수쟁이, 동네에서도 예수쟁이라는 말을 들으며 살았다.

그런데 문제는 큰집이었다. 큰아버지는 무당이어서 큰집에서는 자주 굿판이 벌어졌다. 큰아버지가 굿을 하면 귀신이 왔다. 큰 아버지는 굿을 할 때면 시퍼렇게 날이 선 작두 위로 올라갔다. 그러고는 그 위에서 춤을 추었다. 사람의 능력으로는 도저히 할 수 없는 일이었다. 그렇게 굿판을 벌리고 나면 귀신이 떠나고 아픈 사람은 병이 나았다.

큰집에서 벌어지는 굿판을 가만히 보다보니 큰아버지가 돈을 많이 버는 이유가 있었다. 큰아버지는 처음 귀신이 들려 찾아온 사람에게는 굿하는 비용을 적게 받았다. 하지만 굿을 통한 치료에는 한계가 있었다. 굿을 해서 병이 나은 뒤 1년 정도 지나면 그 사람이 다시 찾아왔다. 다시 아픈 것이다. 그러면 굿하는 비용이 올랐다. 처음과 달리 50만원에서 100만원까지도 받았다. 굿판도 하루에 끝나지 않았다. 대개는 이틀 정도 했다. 이틀 정도 굿판을 벌이면 병이 나았다.

그런데 그 사람은 2~3년 뒤에는 또 다시 큰아버지를 찾아왔다. 그러면 이번에는 돈으로 해결이 되지 않았다. 그 사람이 갖고 있는 논이며 땅, 산 등 모든 재산을 다 바쳐야 했다. 돈 벌기가 참 쉬웠다. 무지한 사람들이 미신에 현혹돼 자신의 전 재산을 모두 무당에게 바쳤다.

귀신은 절대로 귀신이 쫓아내지 못한다. 쫓아내는 것처럼 보일 뿐이다. 오직 예수 그리스도의 능력만이 귀신을 쫓아낼 수 있다. 그런데도 무지한 사람들은 귀신을 쫓아내기 위해 무당에게 매달렸다. 자신의 전 재산을 몽땅 바치면서까지 무당에게 매달렸다. 안타까운 일이다.

내가 큰집을 가는 이유는 과일이 먹고 싶어서였다. 큰집에는 늘 과일이 풍성했다. 그래서 아침에 큰집에 가 있으면 때로는 굿판이 벌어졌다. 그런데 점심을 먹은 큰아버지가 작두 위에 올라가려고 해도 다른 날과 달리 잘 되지 않았다. 몇 번을 시도해도 되지가 않았다. 그러면 큰

아버지는 큰어머니에게 말해 나를 집으로 돌려보내곤 했다. 큰어머니는 내게 과일과 과자를 싸주면서 얼른 집으로 돌아가라고 한다. 그러고는 내 등에다가 "예수 귀신 물려가라"며 소금을 뿌린다. 예수쟁이 때문에 굿이 안 된다는 것이다.

큰아버지의 집을 나온 나는 교회에서 배운 찬양을 소리 높여 부르며 집으로 간다.

"여호와는 나의 목자시니 내게 부족함이 없으리로다. 나로 하여금 푸른 풀밭에 잔잔한 물가로 인도하여 주시니."

하나님은 멋진 하나님이시다. 이스라엘 민족이 애굽을 떠날 때 애굽 사람들이 금과 은과 먹을 것을 준 것처럼, 무당도 예수쟁이에게는 맛있는 것을 준다. 물론 이것은 내가 한 일이 아니다. 주님이 하시는 일이다. 그런 주님이 나의 아버지시니 나는 오늘도 어깨를 펴고 찬송하며 갈 수 있는 것이다. 이런 멋진 예수쟁이들이 오늘도 많아지기를 나는 바란다.

죽으면 살리라

내가 초등학교 5학년 때이다. 교회에서 일주일 간 여름 성경학교가 열렸는데, 주제가 선교사에 관한 것이었다. 그때 우리는 새벽과 오전, 오후 공부시간을 통해 언더우드, 아펜젤러 등 많은 선교사에 관한 이야기를 들었다. 그분들의 이야기는 우리에게 큰 감동을 주었다. 특히, 그 중에서도 한 아이는 그 이야기에 엄청난 감동을 받았다. 그 아이는 불신가정에서 교회를 다니면서 학교 성적은 68명 중 65등을 하는 참으로 별 볼일 없는 아이였다. 그 아이가 바로 나였다. 여름 성경학교 이후 내게는 많은 변화가 일어났다.

나는 예배에 열심히 참석하면서 은혜를 받았다. 그런데 어느 날, 하나님이 나를 중국 선교사로 부르셨다. 당시 중국은 우리나라와 문호 개방이 안 되어 있어서 우리나라 사람이 중국으로 들어간다는 것은 참으로 힘든 일이었다.

그런데도 나의 어린 마음에는 중국의 문이 열려있는 것으로 보였다. 그래서 나는 중국 선교사가 되기로 결심하고 기도할 때마다 손을 들고 기도했다. 그것이 문제였다. 이때부터 하나님의 일하심이 나타나기 시작했다. 그때까지만 해도 나는 내가 성장해서 무엇을 해야 하고, 왜 공부해야 하며, 어디로 가야하는지를 모르고 살았다. 그런데 그날부터 주님이 나의 모든 삶을 만지시기 시작했다.

교회에서 열린 성경암송대회가 도화선이 되었다. 한 달에 성경 100구절을 외우는 시합이었다. 그런데 어떻게 하다 내가 우리 반 대표가 되어 이 대회에 출전하게 되었다. 나는 무척 내성적이고 말이 없는 편이었다. 그래서 다른 사람들로부터 전혀 주목을 받지 못하는 조그만 아이였다. 그랬던 나에게 이 시합은 충격이었다. 한 달 동안 성경 100구절을 외우고 전 교인 앞에서 다른 반 아이들과 시합을 했다.

그런데, 나름대로 성경을 잘 외워서 상까지 받았다. 거기까지는 좋았는데, 진짜 문제는 그 다음부터였다. 매달마다 성경 암송과 퀴즈대회가 열린다는 것이었다. 우리 반 선생님은 그 시합의 모든 짐을 나에게만 맡겼다. 온 가족이 예수님을 믿는 가정의 아이들도 많았지만, 선생님은 나만 의지했다. 어린 나에게는 대단한 부담이었지만, 나는 선생님의 말씀에 순종했다. 왜냐하면 그때까지 나에게 "할 수 있다", "잘 한다" 라고 말한 사람은 그 선생님이 유일한 사람이었기 때문이었다.

그 이전까지 나는 집에서도, 학교에서도, 전혀 관심을 받지 못하던 아이였다. 다른 사람들에게 나는 필요 없는 사람, 쓸모없는 존재였다. 그런데 교회 선생님은 나에게 새로운 힘과 용기와 사랑을 주었다. 내가 다른 사람에게 필요한 존재라는 것을 가르쳐주었다. 관심을 쏟아주었고 "잘 한다"고 "할 수 있다"고 말해주었다. 나의 존재가치에 비로소 눈뜨게 해주었던 것이다. 교회 선생님의 그 관심이 오늘의 내가 수많은 생명을 살리는 일에 헌신하게 된 결정적인 계기가 되었다.

그것으로 끝이 아니었다. 내 인생에 '대 사건'이 벌어졌다. 그것은 놀라운 반전이었다. 학교에서 시험을 봤는데, 나는 반에서 65등을 하다가 17등으로 뛰어올랐다. 한꺼번에 무려 48계단을 올라간 것이다. 나로서도 이 사건은 엄청난 충격이었다. 그때 충격이 얼마나 컸던지 나는 지금까지도 이 사건을 잊지 못한다. 담임선생님조차 이해가 잘 되지 않았던지 나에게 과외를 하느냐고 물었다. 하지만 나는 과외라는 말이 무엇인지조차 몰랐다. 쓸모없는 가난한 아이에게 누가 과외를 시켜주었겠는가?

정말 놀라운 것은 그 이후로 내게 '지혜의 문'이 열렸다는 사실이다. 한 달 동안 성경 100구절을 외우려고 몸부림을 치다보니 저절로 집중력이 생기고 암기력이 커졌던 것이다. 집중력과 암기력이 생기니 자동적으로 공부도 잘 하게 된 것이다.

나는 잠언의 이 말씀을 좋아한다.

¹ 다윗의 아들 이스라엘 왕 솔로몬의 잠언이라

² 이는 지혜와 훈계를 알게 하며 명철의 말씀을 깨닫게 하며

³ 지혜롭게, 의롭게, 공평하게, 정직하게, 행할 일에 대하여 훈계를 받게 하며

⁴ 어리석은 자로 슬기롭게 하며 젊은 자에게 지식과 근신함을 주기 위한 것이니

⁵ 지혜 있는 자는 듣고 학식이 더할 것이요 명철한 자는 모략을 얻을 것이라

⁶ 잠언과 비유와 지혜 있는 자의 말과 그 오묘한 말을 깨달으리라

⁷ 여호와를 경외하는 것이 지식의 근본이어늘 미련한 자는 지혜와 훈계를 멸시하느니라

⁸ 내 아들아 네 아비의 훈계를 들으며 네 어미의 법을 떠나지 말라

⁹ 이는 네 머리의 아름다운 관이요 네 목의 금사슬이니라

(잠 1:1~9)

나는 나의 아이들을 이 말씀으로 교육했다. 학교 공부보다 교회의 성경암송대회와 퀴즈에는 반드시 참여시켰고, 성경암송을 훈련시켰다. 참다운 교육은 성경 말씀을 배우고 익히는데 있기 때문이다. 하나님은 세상 사람들이 알지 못하는 비밀로 나를 성장시켜 주셨고, 당신의 비전을 위하여 나를 만들어가고 계셨다.

나는 이때부터 교회에서 기도를 시작했다. 학교에서 돌아올 때 기도하고, 매일 저녁 세 시간씩 교회에서 기도했다. 하나님은 나를 기도하는 사람으로 만들어주셨다. 하나님을 의지하라. 그리하면 하나님은 당

신을 일으켜 주실 것이다!

24미터 대우조선해양 작업장에서 떨어져

　나의 형은 신학을 공부했다. 그런데 형이 신학을 공부하는 모습이 너무도 초라하고 힘들어 보였다. 나는 그래서 돈을 많이 벌어 신학생들을 돕겠다고 결심했다. 그리고 회사에 취직을 하기로 결심했다. 그런데 생각과 달리 회사에 취직한다는 것은 만만치가 않았다. 그래도 나는 걱정하지 않았다. 우연한 기회에 주님이 내게 지혜를 주시어 나는 초등학교 5학년 이후로는 성적이 항상 선두 그룹에 있었기 때문이었다. 그래서 취직도 쉽게 할 것으로 생각했다.

　학교에서는 공부 잘 하는 순서대로 원서를 주었다. 나는 1차로 삼성중공업에 원서를 넣었다. 이 회사는 월급도 많았고 직원에 대한 복지도 좋았기 때문에 대부분의 학생들은 삼성중공업에 들어가는 것이 꿈이었다.

　나는 삼성중공업에 반드시 합격할 것이라고 생각했다. 성적도 좋았지만 하나님이 나를 반드시 삼성중공업에 넣어주실 것이라고 믿었기 때문이었다. 1차 서류심사에 통과되고 2차 필기시험을 치기 위해 회사로 갔다. 시험장에는 수많은 젊은이들로 가득했다. 전국의 젊은이란 젊은이는 다 모인 것 같았다. 서울대 학생들도 있었다.

　시험을 치면서 나는 기도했다. 나의 기도는 간단했다. "하나님, 아시지요?" 이 한 마디면 되었다. 지금까지 나의 삶은 주님이 인도하는 삶이었다. 주님이 나와 늘 함께하심을 믿었기에 찬송하면서 시험을 칠 수 있었다.

필기시험을 마치고 적성검사도 합격을 했다. 마지막 3차 관문은 면접이었다. 면접을 기다리는 사람들의 얼굴은 초조함으로 가득했다. 나는 심호흡을 하면서 기도했다. "하나님, 아시지요? 주님의 뜻대로 하옵소서." 드디어 내 차례가 되었다. 네 명이 함께 면접실로 들어간 것으로 기억한다. 나는 면접관이 나의 학업이나 장래의 꿈같은 것을 물어볼 것이라 예상했다. 그런데 면접관은 전혀 다른 질문을 했다. 나의 종교가 기독교라는 것을 안 면접관은 내게 이렇게 질문했다,

"회사에 큰일이 있어서 일요일에도 근무를 해야 된다면, 그럴 경우 교회에 가지 않고 바로 회사로 올 수 있겠는가?"

나는 0.1초의 머뭇거림도 없이 곧바로 대답했다.

"아니요. 저는 무슨 일이 있어도 교회에는 나가야 합니다."

그렇게 대답을 했더니 앞에 앉아 있던 면접관들이 모두 웃었다. 그 웃음의 의미는 '탈락'이었다.

하지만 나는 당당했다. 그리고 주일에 일하는 회사는 내가 가지 않는다고 마음을 다잡았다. 돈이 중요하다고는 해도 돈과 바꿀 수 없는 것도 있는 법이다. 나는 교회와 돈을 바꾸고 싶지 않았다. 나는 하늘을 올려다보며 "아버지, 아시지요?"하며 웃었다. 그렇게 나는 삼성중공업 면접에서 떨어졌다.

첫 탈락의 아픔을 뒤로 한 채 나는 학교로부터 다른 회사를 추천받았다. 대우조선해양이었다. 나는 이 회사에 원서를 넣었다. 대우조선해양은 입사한 뒤 교육을 받고 시험을 쳐서 우수한 성적을 받으면 다른 사

람보다 월급을 1호급 더 많이 받을 수 있었다.

하지만 그것이 중요한 것은 아니었다. 당시 대우조선해양의 직원은 1만 명 정도였다. 이들은 해외로 수출되는 배를 빨리 만들어서 외화를 많이 벌어야 회사가 먹고 살 수 있었다. 그래서 무리하게 일을 진행하다 보니 다치거나 죽는 사람이 많았다. 물론 요즈음은 각종 작업이 자동화되어 있고 설비와 시설, 안전장치가 너무 잘 되어 있지만, 당시만 해도 무척 열악한 상황이었다. 내가 알던 한 사람은 일본에 유학까지 가서 특수용접 기술을 배워왔는데, 현장으로 가는 길에 24미터 높이에서 떨어진 용접봉에 맞아 그 자리에서 즉사했다. 너무도 허무하고 서글펐다.

나 역시 예외는 아니었다. 대우조선해양에 입사한 지 채 몇 개월이 되지 않았을 때의 일이었다. 나는 커다란 배를 만드는 작업장에 투입되어 있었다. 그런데 그만 그 배의 제일 높은 맨홀에서 추락했다. 모든 직원과 의사들은 나를 "죽었다"고 판정했다.

맨홀에서 추락한 나는 삶과 죽음의 기로를 헤매고 있었다. 그때 나는 환상 속에서 주님을 만났다. 주님은 내게 "내가 너에게 생명을 주었고 많은 것을 주었는데 너는 이웃을 위하여 무엇을 하였느냐?"고 물으셨다. 나는 그때 내가 이미 죽었다고 생각했다. 그래서 "하나님 한 번만 나의 생명을 살려주시면 내가 이웃을 위하여 주님의 일을 하겠습니다"라고 호소했다. 그런데, 그때 주변에서 사람들이 떠드는 소리가 들려왔다.

"저 사람 틀림없이 즉사했거나, 살았다고 해도 평생 불구가 될 거야."

하지만 나는 그런 말을 들으면서도 계속해서 기도했다.

병원으로 실려간 나는 의식이 다시 돌아왔다. 그 높은 곳에서 떨어졌는데도 하나님께서 나를 살려 주셨던 것이다. 더 놀라운 것은 머리를 다치지 않았다는 사실이었다. 치아 6개가 부러졌고 얼굴이 찢어져 12바늘을 꿰매었다. 그리고 어깨뼈가 부러졌다. 그런 상황에서도 머리를 다치지 않은 것은 기적이라고 밖에는 표현할 길이 없다. 하나님은 이런 상처들을 모두 회복시켜 주셨다.

나의 사고 소식을 들은 아버지와 어머니는 절망했다. 희망이 사라졌다고 통곡했다. 내가 대우조선해양에 입사했을 때 다른 곳보다 월급도 많이 받았고, 또 계속 있으면 더 좋은 일들이 많이 생길 것이라고 기대했던 것이다. 그래서 돈을 많이 벌어 논도 사고, 밭도 살 것이라고 기대했는데, 사고를 당했다니 그 모든 꿈이 사라져버렸던 것이다. 그래서 희망이 없다고 통곡했던 것이다.

그러나 하나님은 달랐다. 모든 사람들이 나를 포기하고, 모든 사람들이 안 된다고 했을 때, 하나님은 나를 찾아오셨고, 고쳐 주셨고, 다시 일으켜 주셨다. 그래서 나는 비로소 알았다. 세상의 모든 사람들이 나를 포기할 때 오직 한 분만은 나를 포기하지 않는다는 사실을. 그분이 바로 나의 아버지, 하나님이셨다.

그 후 대우조선해양은 여러모로 내게 신경을 썼다. 보직을 사무직으로 변경, 작업장이 아니라 사무실에서 근무할 수 있도록 바꿔주었다. 하지만 나는 이미 마음을 굳혔다. 나는 회사에 단호하게 "그만 두겠습니다. 우리 아버지가 다른 일을 하라고 하시네요. 퇴직금과 보상금 정리해주세요"라고 말했다. 그러자 작업장의 반장과 임원들이 "다른 직장 가봐야 여기만큼 돈을 벌 수 있는 곳은 없다"며 "회사에서 이렇게 호의를 베풀 때 그냥 가만히 주저앉으라"고 설득했다.

나는 인간적으로는 그들의 말이 맞다는 것을 안다. 어디 가서 이곳만큼 많은 봉급을 받을 수 있겠는가! 하지만 나의 아버지, 나의 유일한 한 분의 아버지, 하나님 아버지가 그만 두라고 하시는데, 그 큰 사고 속에서도 나의 생명을 살리시고 보호하신 아버지가 그만 두라고 하시는데, 내가 어떻게 그 명령을 따르지 않겠는가?

나는 회사를 그만두었다. 그리고 사고에 대한 보상금을 합해 모두 1천만 원이라는 거액을 퇴직금으로 받았다. 지금은 그리 큰 돈이 아니지만, 당시 이 돈은 대단한 액수였다. 그 돈이면 1980년 당시 거제도에 있는 논과 밭, 산까지 살 수 있을 만큼 큰 돈이었다. 공무원이나 교사가 십 년을 꼬박 모아야 만져볼 수 있는 돈이었다.

하지만 그 돈은 내 돈이 아니었다. 하나님과 이웃을 위해 사용하기로 약속한 돈이었다. 나는 고민했다. 이 돈으로 무엇을 해야 할까? 이 돈으로 무엇을 해야 하나님이 기뻐하실까? 고민 끝에 나는 고아원이나 양로원과 같은 특수 사역에 사용해야겠다고 마음먹었다. 그렇게 생각하고 준비하고 있을 때 하나님은 고신의료원(복음병원)에서 수술을 기다리는 많은 심장병 환자들을 만나게 하셨다.

심장병 환자들과의 만남은 충격적이었다. 환자들은 한결같이 힘들게 호흡하고 있었다. 호흡이 어렵고 입술은 새파랗게 죽어가고 있는데도 수술을 하지 못했다. 이유는 돈 때문이었다. 당시만 해도 의료보험의 혜택을 받지 못해 수백만 원에 달하는 수술비를 마련할 방법이 없었기 때문이었다. 환자들의 처지가 너무 딱하고 서글펐다. 그래서 이들을 도와줄 수 있는 후원 단체를 백방으로 알아보았다. 가톨릭에서는 이런 환자들을 돕기 위한 활동을 하고 있었지만 기독교는 이들을 외면하고 있었다. 수백만 원, 많게는 수천만 원에 이르는 수술비를 도와 줄 여력이 없었던 것이다.

고신의료원 수술팀과 의논하여 이들에게 무료 검사와 함께 한 달에 한 번 예배를 드렸다. 복음을 전할 기회를 만들기 위해서였다. 예배를 통해 이들에게 전도를 하였다. 그렇게 기회를 만들어 이들에게 복음을 전하는데 환자와 보호자들의 반응은 차가웠다. 그들은 "천국이 어디 있어요?", "우리에게는 저 아이가 천국이고 희망이에요. 그런데 저 아이가 아픈 지금은 우리 가정이 바로 지옥입니다"라고 말했다. 또 어떤 부모는 "한국 교회가 사랑을 이야기하지만, 죽어가는 아이를 살려달라고 큰 교회를 찾아가 호소해도 모두 외면합니다. 그런데도 한국 교회에 정말로 사랑이 있습니까?"라고 물었다.

그들의 외침에 나는 아무런 할 말이 없었다. 이들의 호소는 이사야가 "하늘이여 들어라 땅이여 귀를 기울이라"는 항변의 소리였다. 나는 그곳에 무릎을 꿇었다. 그리고 결심했다. "그래, 이들의 눈물을 닦아주자. 이들의 심장을 그리스도의 심장으로 바꾸어 지옥이 천국이 되게 하고 불만과 한숨이 희망으로 변하게 하자. 그래서 한국 교회가 살아 있고 하나님이 살아계심을 보여주자." 그때가 1987년 10월 3일이었다. 밀알선교회 심장재단은 그렇게 시작되었다.

나의 첫 심장병 환자 박지혜와 차하나

대우조선해양을 퇴직한 후 나는 많은 고민을 했다. 기도도 많이 했다. 하나님이 주신 새로운 생명인데 뭔가 의미 있는 일을 하고 싶었고 하나님의 은혜에 보답하고 싶었다. 처음에는 백혈병 어린이들을 돕는 사역을 하려고 했다. 그런데 이 일은 돈이 많이 들기도 들지만 3~5년이 지나야 결과를 알 수 있었다. 그런데 심장병 환자는 수술만 하면 바로 살 수 있었다. 물론, 간혹 수술을 하다 죽는 경우도 있었지만 그래도 결과를 바로 알 수 있으니 좋았다.

당시 나는 텔레비전을 보다가 우연히 레이건 미국 대통령이 한국을 방문하여 심장병 환자를 미국으로 데리고 가는 장면을 보게 되었다. 우리나라는 그때만 해도 의료 기술이 떨어져 수술을 하다 환자가 죽는 경우가 종종 있었다. 레이건 대통령이 우리나라의 심장병 환자들을 미국까지 데려가 수술을 시켜주는 모습은 내게 큰 도전이 되었다.

하나님의 인도하심으로 심장병 환자들을 위해 봉사활동을 하던 중 두 명의 환자 보호자들이 나를 만나자고 했다. 이들의 집안 사정을 들어보니 참으로 기가 막혔다. 한 아이의 집은 아버지가 집을 나가 연락이 두절된 지 오래였다. 그래서 어머니 혼자 두 아이를 키우고 있었다. 다른 아이의 경우는 그나마 좀 나았다. 이 아이의 부모님은 그래도 월세 집에서 가게를 운영하고 있었다. 이들은 수술비가 없어 "내 아이만 살려주면 예수를 믿겠다"고 말했다.

나는 이들의 수술비를 도와주기로 약속했다. 그리고 밀알선교회심장재단을 설립했다. 나는 당시 우리나라에 심장병 환자를 돕는 교회나 단체가 많을 것으로 생각했다. '86 아시안게임' 이후 다양한 선교단체들이 세워지고 활발한 활동을 했기 때문이었다. 그래서 나는 심장병 지원 단체도 당연히 있으려니 생각했다. 하지만 그것은 나의 오산이었다. 한국에는 단 한 곳도 심장병 환자를 돕는 사역단체가 없었다.

문제는 수술비였다. 교회의 후원을 얻어 이 문제를 해결하기 위해 나는 교회들을 찾아 다녔다. 하지만 현실은 생각과 많이 달랐다. 교회를 찾아가도 담임목사를 만날 수가 없었다. 설혹 만나서 이야기를 한다 해도 선뜻 후원을 해주겠다고 나서는 교회는 없었다. 고민하던 나는 전국 교회에 공문을 보냈다.

'전국에 계신 목사님과 장로님들, 한국 교회의 사랑이 없어 어쩔 수 없이 죽어가는 심장병 환자들이 있습니다. 부디 이들의 수술비를 후원해 주십시오. 죽어가는 생명들을 주님의 사랑으로 품어주십시오. 후원금은 고신의료원 복음병원으로 보내주시면 됩니다.'

대충 이런 내용이었다. 나는 공문을 모두 2,000개 교회에 발송했다. 공문을 발송하고 난 후, 나는 어린 마음에 모두 2,000개 교회에 공문을 보냈으니 한 교회 당 1만 원씩 2,000만 원의 후원금이 들어올 것이라고 생각했다. 그럼 내가 받은 보상금을 보태 두 가정의 심장병 수술비를 충당할 수 있기 때문이었다.

하지만 교회에서는 아무런 소식이 없었다. 한 달이 지나도록 내가 받은 유일한 후원금은 어느 작은 교회의 목사님 한 분이 자신의 사례에서 10만원을 보내준 것이 전부였다. 나는 황당하고 답답한 심정이었다. 시간이 흐를수록 초조하고 불안해졌다. 기도를 했다.

"하나님, 왜 저에게 이런 시련을 주십니까? 정말 이런 한국 교회를 믿어야 합니까? 아버지여, 왜 한국 교회가 사랑이 없다는 소리를 들어야 합니까? 주님, 제발 대답해 주십시오."

그때 주님의 조용한 음성이 들려왔다.

"설령 그렇다 하더라도 한국 교회를 믿고 원망하지 마라. 교회가 하지 않는 일을 네가 해주면 좋겠구나!"

하지만 별다른 도리가 없었다. 필요한 돈은 2,000만원인데 겨우 후원금으로 들어온 돈이 10만원이었다. 무엇을 어떻게 할 수 있겠는가? 그렇다고 무작정 앉아서 교회의 후원을 기다릴 수도 없는 노릇이었다. 주님은 한국 교회가 하지 않는 일을 내가 했으면 좋겠다고 말씀하시지 않는가! 넋 놓고 앉아만 있어서는 될 수 있는 것이 아무것도 없었다.

나는 다짐했다. '한국 교회에 사랑이 살아있음을 보여주어야 한다. 죽어가는 저들의 심장을 살아있는 예수님의 심장으로, 불평과 원망과 눈물에 젖어있는 저들에게 예수님의 사랑과 감사와 회복과 새 생명을 나눠주어야 한다. 그것이 그리스도인으로서 내가 해야 할 일이다.'

나는 모금함을 들고 무작정 거리로 나섰다. 사람들이 모이는 곳이면 어디든 모금함을 들고 갔다. 교회, 경찰서, 시장, 기차역, 해수욕장, 심지어는 나이트클럽과 노래방까지 쫓아갔다. 아침에 예배를 드리고 오전 10시만 되면 모금함을 들고 새벽 2시까지 거리를 헤매고 다녔다.

그러다보니 몰골이 말이 아니었다. 시장의 상인들은 "심장병 환자가 너냐"며 도와주기도 했다. 키도 작고 비쩍 마른 몸매에 목소리까지 작으니 내가 심장병 환자라고 생각했던 것이다. 그렇게 나를 불쌍히 여겨 돈을 넣어주는 사람들도 많았다.

사실 그때 내 행동은 완전히 미친 짓이었다. 내 아이도 아니고, 내

친척도 아니고, 그렇다고 내가 심장병을 앓고 있는 것도 아니고, 누가 나에게 억지로 해야 한다고 강요한 것도 아니었다. 내가 굳이 그렇게 할 이유가 전혀 없었던 것이다. 그런데도 내가 모금함을 들고 그렇게 뛰어다닌 것은 다 하나님의 은혜라고 밖에는 설명할 길이 없다. 내가 하는 것이 아니고 성령님이 주장하시는 일이었다. 그리고 그렇게 무조건 순종할 수 있었던 것이야말로 하나님의 가장 큰 은혜였다.

그렇게 해서 마침내 두 아이의 수술 날짜가 잡혔다. 두 아이의 이름은 차하나와 박지혜였다. 이런저런 상황을 고려해 두 아이 중 차하나를 먼저 수술하고 박지혜를 하루 뒤에 하기로 했다. 그런데 수술을 하려고 검사를 했는데 차하나는 몸에 열이 있었다. 결국 박지혜를 먼저 수술하고 차하나는 그 다음 날 하기로 했다.

나는 그 일을 통해 또 하나를 배웠다. 수술하는 순서조차도 사람 마음대로 안 된다는 사실이었다. 사람이 그 걸음을 계획할지라도 일을 실행시키시는 것은 주님이었다. 주님이 인정해 주시지 않으면 무엇 하나 진행될 수 있는 것이 없음을 깨달았다.

마침내 밀알심장재단 제1호 심장병 수술 환자는 박지혜로 결정되었다. 수술 날짜가 잡히자 당사자도 아닌 데 내 가슴이 마구 떨렸다. 그리고 감격스러웠다. 내 목숨을 담보로 받은 보상금과 반은 미쳐서 정신없이 거리를 방황하며 모은 성금으로 마침내 한 생명이 새로운 생명을 얻는 순간이었다.

수술 당일, 박지혜에 대한 모든 검사가 완료되었다. 나는 새벽부터 병원에 도착해서 기도하고 다시 교회로 갔다. 교회에서 예배를 드린 후 수술실로 향했다. 나는 수술실에서 무릎을 꿇었다.

"하나님, 제발 저 아이를 살려주십시오. 저 가정은 하나님을 알지도 못하고, 저 아이는 자신이 어떻게 수술을 받게 되는지도 모릅니다. 그러니 주님이 살려주셔야 합니다. 주님이 살려주셔야 저 가정이 비로소 하나님을 알게 됩니다. 하나님, 부디 주님의 영광이 오늘 이 병원에서 거룩하게 드러날 수 있도록 하옵소서."

수술 시간 내내 나는 기도 외에는 할 수 있는 것이 아무것도 없었다. 수술이 진행되는 동안 지혜의 어머니는 쉬지 않고 울었다. 수술 전에 의사 선생님이 수술 도중 죽을 수도 있고, 수술 후에 나타날 수 있는 많은 합병증에 대한 이야기를 들려준 탓이었다. 사실은 그 전날 밤, 심장 수술로 죽은 사람이 있었다. 지혜의 어머니는 도무지 끝을 알 수 없는 공포와 걱정 속에서 겨우 5살짜리 아이를 수술실로 들여보낸 것이었다. 아버지도 없이 홀로 자란 그 아이의 생사는 아무도 알지 못했다.

무려 장장 8시간에 걸친 수술이 끝났다. 수술실을 나온 담당의사는 별다른 말없이 경과를 지켜보자는 말만 했다. 걱정되고 답답했다. 나는 저녁 내내 밥도 먹지 못하고 중환자실 앞에 앉아 있었다. 세상에서 가장 긴 하룻밤이 지나갔다. 나는 그날 밤 한숨도 자지 못했다.

엎치락뒤치락 하고 있는데, 창밖이 희뿌옇게 밝아왔다. 나는 한참을 기다린 다음 지혜의 병실로 찾아갔다. 정말 감사하게도 지혜는 마취에서 깨어났다. 수술이 잘 되었던 것이다. 그렇게 한숨을 돌린 것도 잠시, 곧이어 차하나의 수술이다. 정신이 없었다. 무엇보다도 체력이 문제였다. 계속된 금식으로 몸이 떨렸다. 처음 하는 일인데 하나님은 여유를 주지 않고 밀어붙이신다. 그나마 지혜의 수술이 잘 되어 회복이 되니 차하나도 안심이 되었다.

먼저 예배를 드리고 하나를 수술실로 보냈다. 차하나의 부모님은 너무 좋은 분들이었다. 나는 마음속으로 하나님이 이 가정에 복을 주시어 물질이나 건강 문제로 다시는 고통을 겪게 되지 않기를 간절히 기도했다. 차하나 역시 수술이 잘 되어 건강을 회복할 수 있었다.

박지혜와 차하나로 밀알심장재단의 사역이 마침내 시작되었다. 하나님은 무식하고 가진 것 없는 자를 철저하게 순종하게 하시고, 기도하게 하시고, 낮아지게 하시어 오직 주님의 손만 붙들게 하셨다. 밀알심장재단의 출발은 말 그대로 기적이었다. 나는 지금도 내가 그때 어떻게 그 많은 돈을 다 모금했고, 또 어떻게 수술을 다 진행시킬 수 있었는지 지금도 잘 모른다. 모든 것이 하나님의 역사였다. 나는 하나님의 능력이 지나는 통로였을 뿐이었다.

경찰서에서의 호출

이야기가 약간 거슬러 올라가기는 하지만, 두 아이의 수술비를 마련하기 위해 모금을 할 때 나는 정말로 열심히 했다. 하루도 거르지 않고 거리로 나섰다. 비가 오나, 눈이 오나, 바람이 부나, 춥거나 덥거나 개의치 않고 눈만 뜨면 모금함을 들었다.

그렇게 열심히 모금을 하고 있는데, 어느 날 경찰서 형사계에서 전화가 왔다. 모금하는 것 때문에 어떤 사람이 고발을 했으니 즉시 경찰서로 출두하라는 것이었다. 처음에는 어처구니가 없다가 곧이어 화가 났다. 우리가 살고 있는 세상의 인심이 이런 것이구나 하는 생각이 들었다. 얼마나 세상이 험하고 서로를 믿지 못하면 경찰서에 신고까지 했을까 하는 생각에 서글퍼졌다.

그때 나는 모든 일을 복음병원과 함께했고 병원의 원무과, 소아과, 흉부외과에서는 우리가 수술시키려고 하는 두 아이에 대해 잘 알고 있었다. 나는 마음을 가라앉히고 차분하게 전화를 걸어 형사에게 말했다.

"지금 저는 두 아이의 수술비를 마련하기 위해 밥도 못 먹고, 잠도 못자면서 모금을 하고 있습니다. 그러니 형사님이 저희 사무실로 오셔서 장부를 다 가져다가 검사를 하시든지, 아니면 복음병원에 전화를 해서 저희가 수술시키려고 하는 환자를 직접 만나 보시든지 하시면 좋을 것 같습니다. 저는 지금 너무 바빠서 도저히 경찰서로 갈 수 없습니다."

나는 그렇게 말하고 전화를 끊었다. 전화를 끊고 나서도 마음이 편치가 않았다. 세상에 별일이 다 생기는구나 싶었다. 내 마음을 몰라주는 세상이 야속하기도 하고, 생각보다 나쁜 사람도 많이 있구나 하는 깨달음도 들었다. 하지만 두렵지 않았다. 내가 하는 모든 것을 우리 주님이 아시니 나는 조금도 주눅 들지 않았다. 어디서나 당당할 수 있었다. 나도 나의 그런 당당함과 믿음이 어디에서 생기는 것인지 알 수 없었다. 그 전화를 받고 난 뒤 나는 오히려 파출소로 가서 모금을 했다.

하나님은 그 일 이후 나에게 더 많은 것을 알게 해주셨다. 또 심장재단의 사역을 위한 준비도 시키셨고 나에게 더 정직하고, 더 성실하게 살아야 한다는 것을 알려주셨다. 그래서 나는 기도할 수밖에 없었고 항상 주님을 바라볼 수밖에 없었다.

첫 시련, 길바닥으로 쫓겨나다

하나님은 당신이 사랑하는 자는 반드시 연단하시고 훈련을 시키신다. 하나님이 그렇게 하시는 이유는 그런 시련과 연단을 통해 불순물을 제거하고 당신이 계획하시는 일에 들어 쓰시기 위함이다. 이는 인간 세상에서도 마찬가지다. 최정예 부대로 명성을 얻고 있는 해병대나 공수부대, 특공대는 죽을 것만 같은 혹독한 훈련을 통해 비로소 그런 영예를 얻는 것이다.

당시 나는 아직은 어려서 교회의 집사님이나 장로님들은 거짓말을 하지 않는 줄 알았다. 그러니 그런 분들이 사기를 칠 것이라고는 상상도 못했다. 심장병 환자들을 위한 선교회 사역을 시작하면서 나는 사무실을 얻지 않았다. 그렇지 않아도 재정이 부족한 상황인데 사무실을 얻으면 지출해야 할 돈이 만만치 않았기 때문이다. 그래서 평소 알고 있는 한 집사님이 운영하는 사무실에 책상 하나를 두고 사역을 시작했다. 그 집사님은 친절하게 웃으며 사무실을 그냥 사용하라고 허락했다.

그렇게 한 달여의 시간이 흘렀다. 그런데 그 집사님의 일은 그다지 잘되지 않는 것 같았다. 당시는 과외가 금지되어 있어서 아르바이트 자리를 구하는 대학생들이 많았다. 그래서 밀알선교회에서는 이런 대학생들을 데려다가 인형 판매 같은 아르바이트거리를 주었다. 여기서 나오는 수익금으로 수술비를 마련하기 위해서였다. 한 번에 30~40명의 대학생들이 와서 이런 일을 하곤 했다.

그런데 어느 날 내가 사무실로 출근을 했더니 그 집사님이 내게 사무실에서 짐을 빼라는 것이었다. 나는 하루아침에 갈 곳 없는 신세가 되었다. 돌변한 집사님의 태도가 이상하긴 했지만 나로서는 별도리가 없었다. 그렇게 거리로 나앉고 보니 사역 자체가 흔들리게 되었다. 암담했다. 나는 하나님을 향해 기도했다. "주여 왜 저에게 이런 시련을 주십니까?"

그런데 참으로 어처구니가 없었던 것은 그 집사님이 그렇게 나를 내쫓고는 그 사무실에 새롬선교회라는 이름의 똑같은 심장재단을 만들었다는 사실이었다. 내가 하는 일을 옆에서 보다가 그것이 일종의 '돈벌이가 되겠다' 하는 생각을 한 것이다. 하나님의 일을 놓고 어떻게 그런 황당한 생각을 할 수 있었는지 지금도 잘 모르겠지만, 어쨌든 그 집사님은 그런 생각을 했다. 그래서 나를 내쫓고 그런 선교회를 만들었던 것이다.

하지만 그 집사님의 행동을 하나님이 가만히 묵과하실 리가 없었다. 나중에 알게 되었지만, 그 집사님과 함께 일하던 직원들은 모두 경찰에 구속되고 새롬선교회는 하루아침에 사라지고 말았다. 잘못된 생각으로 뿌려진 씨앗이 그에 합당한 열매를 맺은 것이다. 하나님의 진노는 컸고 그 집사님은 구치소에 수감되는 것으로 자신의 죄에 대한 벌을 받았다.

나 역시 그 집사님의 사건을 통해 하나님이 내게 주시는 메시지를 분명히 깨달을 수 있었다. 그것은 나도 모르게 어느새인가 내 마음속에 들어온 교만이었다. 나는 밀알선교회를 시작하면서 그것을 내 것으로 착각하고 자신도 모르게 교만해졌던 것이다. 그래서 기도하기보다는 밖으로만 죽어라고 뛰며 일만 했던 것이다. 하지만 하나님이 내게 원한 것은 그것이 아니었다. 하나님은 내가 모든 것을 철저히 내려놓고 오직 그분만 의지하기를 바라셨다. 오직 그분만 보며 따라오기를 원하셨다. 죽어라고 일만 하기보다는 먼저 마음을 내려놓고 하나님 앞에 무릎 꿇고 그분의 뜻을 구해야 했던 것이다.

하지만 나의 마음 한 켠에는 '내가 대우조선해양에서 받은 보상금으로 이 일을 시작했으니 이 일은 내 것'이라는 생각이 자리 잡고 있었던 것이다. 이 교만하고 성숙되지 못한 사역자에게 메시지를 전달하고 단련시키기 위해 하나님은 그 집사님들을 사용하셨던 것이다. 그리고 그러한 아픔과 연단을 통해 나는 하나님을 다시 한 번 만나는 기회를 얻을 수 있었다. 대우조선해양 24미터 높이의 작업장에서 떨어져서 만난 하나님은 사무실 한 칸 없이 거리로 쫓겨난 나를 이렇게 만나주셨다. 길바닥에서 주님의 용사로 다시 태어난 나는 이렇게 노래했다.

"주님, 감사합니다. 이렇게 거리로 쫓겨난 것도 모두 하나님의 은혜입니다."

수술비를 내지 않고 도망간 부모

박지혜, 차하나, 이 두 명의 아이를 수술시키고 난 뒤 나는 매일 병원에서 살았다. 회복실에 가서 이들의 손을 잡아주고 기도해주고 물을 먹여주고 노래를 불러주며 주님을 소개했다. 아이들은 얼마 지나지 않아 일반 병실로 나오게 되었나. 회복도 빨라 너무나 잘 걷고 잘 뛰어 다녔다.

나는 이 아이들이 꼭 내 딸 같았다. 두 아이들을 나는 업어주고 밥도 같이 먹고 놀아주었다. 그 아이들은 정말로 나의 기쁨이고 소망이었다. 아이의 가족들도 모두 내 가족이었다. 나는 그들과 한 식구가 된 것 같은 동질감과 친근감을 느꼈다. 가슴 가득히 행복감이 밀려왔다.

그렇게 아이들을 보살피고 있는데, 또 다른 아이가 심장 수술을 받고 병실로 들어왔다. 넉넉지 못한 가정의 아이였는데, 생각보다 수술비가 많이 나왔다. 궁지에 몰린 아이의 부모는 무슨 이야기를 들었는지는 몰라도 나를 찾아와 보증을 서달라고 부탁했다. 자기들이 준비한 돈보다 수술비가 2백만 원 더 나왔다는 설명이었다. 보증을 서주면 자신들이 빚을 내서라도 꼭 갚겠다며 간절하게 매달렸다.

하지만 나는 돈이 없었다. 두 아이의 수술비를 마련하느라 모든 돈을 다 쓴 상태였다. 사정은 딱했지만 도와줄 방법이 없었다. 그래서 "내가 돈이 없는데 어떻게 보증을 서겠습니까?"라고 아이의 부모에게 반문했다. 그랬더니 이 아이의 부모는 병원 원무과에 가서 말만 해주면 된다는 것이었다. 무슨 말인지 잘 이해가 되지 않으면서도 어쨌든 나는 원무과에 가서 이 아이의 부모가 수술비가 부족하다고 하는데 필요하다면 선교회 쪽에서 돕겠다고 말했다. 그러자 병원 원무과에서는 "알겠다"고 대답했다.

그러고는 나는 그 일을 잊어버렸다. 너무 바빠서 신경을 쓸만한 여력이 없었던 것이다. 한 달쯤 지났을까, 병원 원무과에서 전화가 왔다. 그 아이의 부모가 수술비의 일부는 지급을 했지만 나머지 500만 원은 지불하지 않은 채 밤에 도망을 갔다는 것이었다. 그러면서 당신이 보증을 섰으니 이들이 지불하지 않은 수술비 500만 원을 대신 갚으라는 것이었다.

정말로 난감했다. 이런 일이 벌어질 줄은 꿈에도 생각을 못했다. 그래서 원무과 직원에게 "그 아이의 집을 찾아가 보았느냐"고 물었더니 그 직원의 대답이 "찾아가 보기는 했지만 워낙 가난해서 도저히 갚을 능력이 되질 않는다"며 말알선교회에서 책임을 지라는 것이었다.

나는 일단 병원 측에 조금만 기다려 달라고 말하고 아이의 집으로 전화를 걸었다. 아이의 부모와 통화를 해보았지만 아무런 답도 얻을 수 없었다. 그저 미안하다는 말뿐이었다. 너무도 답답하고 분해서 아무 말도 할 수가 없었다. 그런데 기도하는 중에 "그 집이 얼마나 힘들면 그렇게까지 했겠느냐? 도와주어라!"하는 주님의 음성이 들렸다. 기도를 마치고 생각해보니 그 돈이 500만 원이든 1천만 원이든, 결국은 하나님이 해결해주실 것이라는 믿음이 생겼다. 돈이 없어 야반도주를 한 그 부모의 마음은 또 얼마나 아팠겠는가? 나는 '그래 도와주자'하고 마음을 굳혔다. 이런 일을 위해 하나님이 나를 불러주셨으니 오히려 감사해야 할 일이 아니겠는가!

그래서 나는 오늘도 이렇게 기도한다.

"하나님, 오늘도 오직 주님만 바라봅니다. 가진 것이 없는 자, 병으로 고통받는 자, 그들의 친구가 되고 위로자가 될 수 있도록 이 부족한 종에게 물질의 풍요를 허락해 주옵소서. 아멘."

수술을 할 수 없는 아이들

심장병은 그 종류가 여러 가지이다. 같은 심장병이라도 수술이 가능한 심장병이 있고, 수술이 불가능한 심장병도 있다. 그런데 처음에 나는 심장병은 모두 같은 것인 줄 알았다. 무지하고 가난하고 배우지 못한 사람이 하나님의 일을 하려니 부족한 점이 한두 가지가 아니었다. 그렇다고 시작한 일을 그만 둘 수는 없는 노릇이었다. 그래서 배우면서 일한다는 마음으로 관련 의학 지식을 열심히 습득했다.

현재 세계로병원의 원장인 정현기 박사님은 그 당시 복음병원의 소아심장 전문의였다. 정 박사님은 환자를 검진할 때마다 나에게 심장병과 관련된 지식들을 하나씩 하나씩 가르쳐 주었다. 심장병에 대한 진단은 청진기만으로는 어렵고 직접 손으로 환자 한 명, 한 명의 심장을 만지면서 앓고 있는 심장병의 종류와 병의 정도, 그리고 수술 가능 여부를 판단하는 방법을 가르쳐 주었다.

또 초음파 검사를 할 때는 나를 검사실로 데리고 들어가 심장의 위치, 심실과 심방의 위치, 판막의 모양 등을 상세히 가르쳐주었다. 의사처럼 체계적으로 배운 것은 아니지만 현장에서 나는 그 모든 것을 몸으로 배웠다. 나의 교실은 학교가 아니라 환자와 함께 하는 현장이었다.

1990년 초반 선교회에서 1만 명 무료 진료 행사를 했을 때 나는 환자들의 심장을 직접 만져보면서 이들의 정도를 손으로 느끼기 위해 노력했고 이것이 큰 공부가 되었다. 나는 지금도 심장병 환자를 만나면 제일 먼저 심장에 손을 대본다. 특히 해외에서 환자를 만나게 될 경우에는 이 방법이 극히 효율적이었다. 별다른 진단 기구를 동원하지 않고

도 손의 감각을 통해 그 환자의 질병 정도를 파악할 수 있었고 어떻게 조치를 취해야 하는지도 알 수 있었다.

이렇게 환자의 질병 정도를 검사할 때 가장 가슴이 아픈 경우는 수술을 할 수 없는 아이들을 발견할 때다. 입술이 새파랗고 손과 발등이 새파란 아이들은 이미 수술 시기를 놓친 아이들이다. 요즘도 간혹 이런 아이들을 발견하게 되는 데 당시에는 이런 아이들이 너무 많았다. 손조차 써보지 못하고 떠나보내야 하는 아이들을 보고 있으면 너무 안타깝고 안쓰럽다.

선교회 행사를 하면서 광주제일교회에 출석하는 아이를 한 명 만났다. 목사님과 성도님들이 많은 기도를 하고 우리 선교회에 추천을 했다. 그런데 검사를 해보니 이미 시기가 늦었다. 그 아이는 결국 하나님의 품으로 되돌아갔다. 또 다른 아이는 심장 이식 수술이 필요한 아이였다. 서울의 여러 병원을 돌며 검사를 하고 심장 이식 해 줄 사람을 기다렸지만 결국 이식자를 구하지 못해 천국으로 갔다. 이런 아이들을 만날 때마다 나는 가슴이 무너진다.

심장병은 초기에만 발견하면 수술로 고칠 수 있다. 하지만 그 시기를 놓치면 수술조차 하지 못하고 그냥 떠나보내야 한다. 심장병 환자는 우리를 기다려주지 않는다. 밀알에서 외상으로라도 우선 환자의 수술부터 하고 보는 이유가 여기에 있다. 돈보다 생명이 먼저이다. 그래서 비록 외상으로라도 아이들을 수술할 때마다 나는 주님께 기도한다.

"주님이 책임져주실 거죠? 이 사역은 제 것이 아니니 주님이 해주셔야 합니다."

나의 이 기도는 단순히 경제적인 부분만을 이야기한 것이 아니다.

나는 기도를 드릴 때마다 주님이 반드시 내 기도를 들어주실 것이라는 확신을 얻는다. 주님이 수술비뿐만 아니라 수술 자체도, 그리고 그 아이의 회복과 그 이후의 삶도 모두 책임져주실 것이라는 강한 확신이다. 그리고 지금까지 나의 이런 기도는 한 번도 응답되지 않은 적이 없다. 수백 번이 아니라 수천 번의 기도에 하나님은 늘 응답하셨다. 그래서 나의 심장은 하나님에 대한 감사로 늘 뜨겁게 뛰고 있다.

심장병 때문에 세상에서 버림받은 모자

한 어머니가 아이를 데리고 밀알 사무실을 찾아왔다. 어떻게 왔느냐고 물으니 아이가 심장병이란다. 신상을 파악하기 위해 이런저런 이야기를 하다 아이의 아버지는 무엇을 하는 분이냐고 물어보니 아이의 어머니는 굵은 눈물만 쏟으며 아무런 말이 없다. 한참만에야 떨리는 목소리로 "아버지는 없어요" 한다.

사정을 들어보니 너무 기가 막혔다. 그 어머니의 친정은 무척 가난했다. 어떻게 하다 좀 사는 집으로 시집을 와서 아이를 낳게 되었다. 아들이라 온 집안이 너무 좋아했는데 병원에서는 아이가 심장병이라는 청천벽력과 같은 소식을 전해주었다.

이때부터 상황이 심각하게 돌아갔다. 시댁에서는 우리 집안에는 심장병 환자가 단 한 명도 없었는데 심장병에 걸린 아이가 태어난 것은 며느리가 잘못 들어와서 그런 것이라며 아이와 함께 집에서 쫓아냈다는 것이었다. 시댁에서는 수술비가 1천만 원 이상 나오니 '저 아이가 우리

집 다 말아먹게 생겼다'고 생각한 것이다. 설혹 그렇다고 하더라도 시댁의 몰인정한 처사는 상식이 있는 사람이라면 기가 막히지 않을 수 없는 일이었다.

서럽게 울고 있는 아이 어머니에게 나는 "심장병은 유전이 아닙니다. 당연히 어머니의 잘못이 아닙니다. 다른 요인 때문입니다"라고 말해 주었다. 그랬더니 아이 어머니는 눈물을 닦으며 "그렇지요? 제 동생도 결혼해서 아이를 낳았지만 아무 이상이 없었어요. 우리 부모님도 심장병을 앓은 적이 없어요" 한다. 나는 아이 어머니를 똑바로 바라보며 "네, 그렇습니다. 걱정하지 마세요. 저희 선교회에서 수술해 드리겠습니다"고 단호하게 말했다.

참으로 한심한 세상이다. 세상 사람들의 마음이 그렇다. 심장병이 무슨 죄인가? 어째서 며느리와 손자가 집에서 쫓겨나야 한단 말인가? 아이 어머니의 이야기를 듣는데 가슴이 너무 아팠다. 나는 아이와 아이 어머니가 사무실을 나간 다음 하나님 앞에 무릎을 꿇었다.

"주님, 부디 저들의 손을 잡아주시고 저 아이와 어머니의 마음에 사랑을 주옵소서. 주님의 넘치는 평강과 위로를 부어 주옵소서."

아이의 수술 날짜가 잡혔다. 검사를 마치고 마침내 수술을 하게 되었다. 아이가 수술실로 들어가기 전에 예배를 드렸다. 예배 내내 아이 어머니는 계속 울었다. 아이의 아버지가 없어 어머니와 내가 함께 들어가서 보호자란에 서명을 하고 죽어도 좋다는 마음으로 아이를 수술실로 보냈다.

긴 수술 끝에 아이는 회복실로 옮겨졌다. 주님의 은혜로 수술이 잘되었다. 그리고 얼마간의 입원 후에 마침내 퇴원하게 되었다. 퇴원하던 날, 나는 아이와 아이 어머니의 손을 잡고 기도해 주면서 아이 어머니에게 "주님을 만나야 행복합니다. 예수님 믿으세요"라고 말하고 이들을 떠나보냈다.

이들 모자는 갈 곳이 없었다. 아이 어머니는 시댁으로도 가지 못하고 친정으로도 가지 못한다고 말했다. 일단 친구의 집에 있으면서 일자리를 알아보겠다고 울먹였다. 뒤돌아서면서 아이 어머니는 "정말 감사하다"며 고개를 깊이 숙였다.

이들 모자는 그 이후 소식이 끊겼다. 어디에서 무엇을 하며 어떻게 살고 있는지 알 수가 없다. 나는 그저 이 모자를 위해 하나님의 축복을 구할 뿐이다. 지금 이런 이야기를 들으면 그야말로 한 편의 소설 같지만 1988년에만 해도 상황은 전혀 달랐다. 무엇보다도 심장병에 대한 일반의 인식이 너무 낮았고, 먹고 사는 것이 워낙 힘들다보니 이런 황당한 일이 실제로 일어났던 것이다.

버려진 아이, 민욱이

1989년, 밀알 사무실로 전화가 걸려왔다. 한 할머니였다. 할머니는 다급한 목소리로 "우리 동네에 심장병 어린이가 있는데 도와줄 수 있느냐"고 물었다. 나는 아이가 몇 살이고 이름이 어떻게 되느냐고 물었다. 그랬더니 그 할머니는 "잘 모르겠다"는 거였다. 그래서 그럼 아이를 데리고 우리 사무실로 한번 나와 달라고 말했다. 그렇게 통화가 끝났다.

얼마 후 60세가 넘어 보이는 할머니 두 분이 한 아이를 업고 사무실을 찾아왔다. 아이를 봤더니 입술과 얼굴이 새파랗고 손과 발도 새파랬다. 할머니에게 물어보니 부모가 누구인지 모른다고 한다. 그 할머니들은 식당을 운영하는데 누군가 식당 앞에 그 아이를 버리고 도망갔다는 것이었다. 아이가 너무 딱해서 할머니 두 분이 장사를 하면서 지금까지 겨우겨우 키워왔다는 설명이었다.

나중에 알고 보니 그 아이는 출생신고도 되어 있지 않았다. 할머니들이 그냥 키우다보니 경찰에 신고조차 하지 않았던 것이다. 수술을 하려고 보니 이런 것이 다 걸림돌로 작용했다. 할 수 없이 다 죽어가는 아이를 안고 경찰서를 찾아갔다. 할머니들과 함께 조서를 꾸미고 상담을 했다. 그리고 경찰서에서 다시 시청으로 가서 서류를 작성하고 영아원을 소개 받았다.

처음 하는 일이라 어렵고 힘들었다. 물어볼 만한 사람도, 물어볼 만한 곳도 없었다. 그저 일일이 발로 뛰어 다니며 담당자에게 물어가며 처리할 수밖에 없었다. 담당 공무원도, 경찰관도 이런 경우는 처음이라는 것이었다. 행정적인 절차를 겨우 다 밟고 영아원으로 갔다. 그때 나는 처음으로 영아원을 가봤는데, 그곳에는 부모로부터 버림받은 아이들이 너무 많았다. 왠지 주눅이 들어 있고 기운이 없어 보이는 아이들의 표정이 가슴 아팠다.

영아원 사무실에서 아이를 발견한 장소와 대략적인 나이를 추정하여 출생신고를 했다. 대충 이름도 만들어주었다. 이름은 '민욱'이라고 정하고 나이는 2살로 했다. 그러고는 영아원 원장님에게 이 아이가 지금 급하게 수술을 해야 하는데 필요한 절차를 서둘러 달라고 부탁했다. 그렇지 않으면 아이는 죽게 될 것이 뻔했다. 영아원의 관계자들도 사태의 심각성을 깨달았는지 서둘러 일을 처리해주었다.

하지만 하루 만에 처리될 일이 아니었다. 좀 더 시간이 필요했다. 아이의 상태는 심각했다. 할머니들이 우유를 먹이고는 있지만 제대로 삼키지도 못하는 상태였다. 행정적인 절차가 끝나기를 기다리는 시간이 마치 몇 년이라도 되는 것처럼 길고 지루했다. 하지만 어쩌겠는가? 우물물을 거꾸로 들고 마실 수는 없는 일 아닌가? 참고 기다리며 기도하는 수밖에 없었다.

마침내 기다리고 기다리던 출생신고가 완료되고 아이의 이름이 나왔다. 통고를 받는 순간 나는 아이를 끌어안고 병원으로 달려갔다. 서둘러 입원을 시키고 필요한 검사를 마쳤다. 검사할 때 보니 아플 텐데 울지를 않는다. 힘이 없어 울지도 못하는 것이다. 아니, 우는 것이 중요한 게 아니라 생각해보니 아이를 만난 이후 이 아이가 웃는 모습을 단 한 번도 보지 못했다는 생각이 들었다. 겨우 두 살 남짓한 아이인데 오랜 세월을 산 사람처럼 웃음이 없다. 부모에게 버림받은 상처가 너무 큰 탓일까? 우리 아이들의 모습을 떠올려보면 두 살 무렵에는 너무도 잘 웃고 행복한 모습이었는데 말이다. 배고프면 울고, 욕구가 채워지면 웃고, 졸리면 자는 것이 아이인데, 이 아이는 그런 것이 없다. 그저 늘어져 힘들어할 뿐이다. 가슴이 저려왔다.

마침내 수술 날짜가 잡혔다. 내가 아는 모든 분들에게 아이를 위해 기도를 부탁했다. 나 역시 쉬지 않고 아이를 위해 기도했다. 밤에도 잠이 오질 않았다. 아이의 생각이 머릿속에서 떠나지를 않았다. 그렇게 뒤척이며 밤을 보내곤 새벽에 병원으로 향했다. 아이를 보면서 예배를 드렸다. 태어나서 이런 예배는 처음이다. 세상에서 철저하게 소외된 아이, 도대체 누가 이 아이의 손을 잡아줄 것인가?

찬송을 하고 말씀을 읽는다. '여호와는 나의 목자시니 내게 부족함이 없으리로다.' 가슴이 미어지는 것 같았다. 도대체 돈이 무엇이기에 이 아이의 부모는 자식을 포기한 것일까? "하나님, 하나님이 우리 민욱이의 아버지가 되어주십시오. 그리고 살려주십시오." 그렇게 기도하며 아이를 바라보는데 눈앞이 뿌옇게 흐려졌다. 아이의 고사리 같은 손이 힘없이 늘어져 있었다. 하나님이 없다면 이 어린 생명은 어떻게 해야 하는 것일까? 마음이 아팠다.

그렇게 기도를 하고 아이의 손을 잡은 채 수술실로 향했다. 할머니들도 수술실로 가는 아이를 바라보며 눈물을 흘렸다. 그렇게 아이를 수술실로 들여보내고 금식하며 기도했다. 긴 수술이었다. 어른도 견디기 힘든 8시간의 대 수술 후 민욱이는 중환자실로 옮겨졌다. 그런데 수술 후 상태가 좋지 않았다. 담당의사는 오늘밤을 넘기기 힘들다고 했다. 막막했다. 의사로부터 그 말을 듣는데 온 몸에 기운이 하나도 없었다.

그렇게 어렵게 수술을 했지만, 결국 민욱이는 짧은 삶을 접었다. 시기를 놓쳐 죽고 말았다. 병 때문에 부모로부터 버림받은 불쌍한 한 영혼은 그렇게 하나님의 품으로 떠났다. 다음날 아침, 민욱이의 가냘픈 호흡이 멈췄다. 영안실에 안치된 아이의 시신을 보며 나는 많이 울었다. 아무 생각도 들지 않았다. 이 일을 시작하고 처음으로 떠나보낸 아이였다.

아이가 죽고 남은 절차를 밟아야 했다. 처음하는 일이라 모든 것이 생소했다. 그러나 아이의 부모가 없으니 내가 다 처리해야 한다. 병원에서 사망진단서를 떼고 경찰서에 사망 신고를 했다. 그러고는 화장을 하기 위해 화장터를 알아보았다. 장의사를 하시는 장로님에게 전화를 걸어 필요한 과정을 알아보고는 차를 렌트해서 화장터로 향했다. 화장터로 향하는 길이 적막하고 한없이 쓸쓸했다.

화장을 마치고 화장터에서 아이의 유골과 뼈를 주는데, 받아보니 그저 한줌의 가루다. 그 한줌의 가루를 보고 있으니 참으로 허탈했다. 인간의 삶이 얼마나 허망하고 인간이 얼마나 나약한 존재인지가 뼈에 사무쳤다. 과연 우리가 산다는 것이 무엇일까, 그런 생각이 머릿속을 어지럽게 맴돌았다.

아이의 유골을 어떻게 처리하면 되느냐고 화장터 직원에게 물었다. 그랬더니 그냥 산이나 바다에 버리면 된다는 것이었다. 물론 지금은 그렇게 처리하면 안 된다. 법으로 금하고 있기 때문이다. 하지만 당시만 해도 연고가 없는 유골은 그렇게 처리를 했다.

나는 아이의 유골을 들고 바닷가로 향했다. 부산 광안리 바다였다. 바다를 향해 아이의 유골을 뿌렸다. 그리고 기도했다.

"주여, 이 영혼을 받아주시고 고통과 아픔, 버림과 슬픔이 없는 나라에서 마음껏 뛰어 놀게 하옵소서. 그리고 다시는 대한민국에 이런 아이가 없도록 주여, 저희 밀알을 축복해 주옵소서."

강단을 비울 수 없었던 어느 목사님의 눈물

어느 지역 개척교회 목사님의 자녀가 심장병을 앓고 있었다. 그런데 수술비가 없어 수술을 하지 못하고 있었다. 이 목사님이 우연히 밀알선교회 이야기를 듣고는 사무실로 찾아왔다. 이야기를 듣고 보니 사정이 딱했다. 개척교회의 사정이란 게 빤한 게 아니겠는가. 경제적인 어려움 때문에 아이를 병원 한 번 데려가지를 못했단다.

이야기를 다 듣지 않아도 충분히 이해가 갔다. 하지만 아이야 무슨 죄가 있겠는가? 잘사는 집에서 태어났다면 전혀 문제가 되지 않을 심장병이 이 목사님의 가정에서는 불치병이 되었다. 아이의 고통을 바로 눈앞에서 보면서도 수술을 해주지 못하는 부모의 마음은 오죽했으랴!

검사를 하고 수술을 하기로 했다. 아이는 너무나 잘 먹고 예쁘게 자랐다. 하지만 검사 결과는 수술이 매우 어려울 것이라는 것이었다. 너무 늦게 병원을 찾은 탓이다. 그래도 포기할 수는 없었다. 간절한 마음으로 아이의 부모님과 함께 예배를 드리고 아이를 수술실로 보냈다. 오전 7시 30분에 수술실로 실려 간 아이는 오후 4시가 지나서야 수술이 끝났다. 수술을 마친 담당의사는 수술이 잘 끝났으니 기다려 보자고 했다.

아이는 저녁 늦게서야 1인 중환자실로 왔다. 아직 마취에서 깨어나지 못해 혼수 상태였다. 어린 것의 연약한 몸에 온통 튜브가 주렁주렁 달려있고 몸은 피투성이다. 아이의 손을 잡았다. 손이 얼음같이 차다. 심장수술을 하면서 체온을 내린 탓이다. 기계가 아이의 심장을 대신해서 뛰고 있고 인공적으로 아이의 몸으로 피가 들어가고 나온다. 필요한 수분과 영양분은 호스를 통해 공급되고 있었다.

아이의 손을 잡고 나는 기도했다.

"하나님, 이 아이를 살려주십시오. 주님이 살려주셔야 합니다."

나는 간절히 기도했다. 그런데 나흘이 지났는데도 아이는 깨어나기를 않는다. 맥박이 떨어지고 심장 박동이 20에서 30으로 오르락내리락

한다. 닷새가 흘렀는데도 심장의 박동이 회복되지를 않는다. 불안했다. 담당의사가 상태를 점검하더니 지난 며칠 동안 가슴속으로만 삼키고 있던 걱정을 결국 통고한다.

"살아날 가망이 없습니다."

가슴이 철렁 내려앉았다. 온 몸의 기운이 어디론가 쑥 빠져나가는 느낌이었다. 한동안 멀거니 서서 아이를 바라보던 나는 결국 사모님에게 전화를 걸었다.

"내일이 토요일이고 모레가 주일인데, 어떻게 하면 좋을까요?"

사모님은 대답을 못하고 목사님에게 전화를 걸겠다고만 말했다. 잠시 후 목사님이 병원으로 달려왔다. 그러고는 조용히 아이의 손을 잡고 기도했다. 침묵이 흘렀다. 기도를 마친 목사님은 직접 아이의 산소 호흡기를 떼어냈다. 목사님의 손이 심하게 흔들렸다. 그러고는 내게 이렇게 말했다.

"감사합니다. 모레는 주일이니 오늘 퇴원하여 화장하겠습니다. 병원은 내일 정리하겠습니다. 지금까지 도와주신 은혜, 진심으로 감사합니다. 목사는 강단을 비울 수가 없습니다."

뭐라고 위로의 말을 해야 할지 알 수가 없었다. 섣불리 입이 떨어지질 않았다. 돈이 없어 자식의 고통을 보면서도 수술을 해줄 수 없었던 아버지의 눈물과, 어려운 교회 형편에 성도들의 짐이 되고 싶지 않았던 목자의 심정…. 그 앞에서 내가 뭐라고 할 말이 있겠는가? 어떤 위로도 그 앞에서는 사치처럼 느껴졌다. 나는 묵묵히 고개를 끄덕였다. 그것이 내가 할 수 있는 전부였다.

나는 기도했다.

"주님, 오, 주님! 축복받아야 할 아이들, 사랑받아야 할 아이들, 하지만 심장병으로 버림받고 돈이 없어 시기를 놓치고 죽어간 아이들, 주님…, 그 아이들 때문에 늘 가슴 한 편에 찬바람이 붑니다. 늘 좋은 것으로 응답하시는 주님, 이 가정에 더 좋은 것으로 축복하옵소서."

1퍼센트의 가능성에 목숨을 걸고

부산 용호동에는 용호남교회가 있다. 그런데 하루는 이 교회의 한 아이가 밀알선교회 사무실로 찾아왔다. 심장병에 걸린 아이였다. 정상적으로 학교를 다녔으면 중학교를 졸업해야 할 나이인데도 병 때문에 학교를 다니지 못했다. 아니, 더 정확히 말하면 '학교를 보내지 않았다'. 심장병도 심장병이지만 집안 형편이 너무 어려워 부모님이 아이를 학교에 보내지 않았던 것이다.

아이의 아버지는 뚜렷한 직업이 없었다. 막노동으로 근근이 생계를 유지해왔는데, 아버지가 일을 하다 허리를 다친 이후로는 일을 하지 못하고 병원에 입원해 있었다. 할 수 없이 어머니가 식당에서 일을 하며 온 가족의 생계를 책임졌다. 심장병에 걸린 아이는 혼자 학교까지 걸어갈 수가 없어서 누군가 학교까지 데려다줘야 하는데 어머니는 일 때문에, 아버지는 아파서 아이를 학교에 데려다줄 수 없었던 것이다.

아이를 따라 살고 있는 집으로 가보니 설상가상, 어머니까지 집에 누워 있었다. 식당일을 하다가 다쳐 누운 것이다. 비좁은 다락방에서 네 식구가 함께 살고 있었다. 위로 형도 한 명 있지만, 돈을 벌기 위해 다른 지방으로 떠났다. 사는 것이 오히려 신기할 정도였다. 월세만 겨우 겨우 내면서 간신히 입에 풀칠만 하고 있었다. 사는 것이 사는 게 아니라 하루하루가 살기 위한 전투였다.

수술을 결정하고 아이를 병원으로 데리고 가는데 보호자가 함께 갈 수 없단다. 일을 가야 한다는 것이다. 그러면서 나더러 대신 검사를 해 달라는 것이다. 답답한 일이었다. 하지만 어쩌겠는가? 단 하루라도 쉬면 당장 굶어야 하는 사람들이니….

아이를 들쳐 업고 버스를 타고 병원으로 향했다. 검사를 하니 수술하기 어렵다는 결과가 나왔다. 시기를 놓친 것이다. 수술하면 99퍼센트는 죽는단다. 그런데 이야기를 들은 아이의 어머니가 나의 손을 잡고 운다. 그러면서 통사정을 한다.

"우리 아들 죽어도 좋으니 한 번만 수술할 수 있게 해주세요. 어머니로서의 마지막 소원입니다."

정말로 결정하기 너무 힘들었다. 수술하면 죽을 것이 뻔한데, 그걸 알면서 어떻게 수술을 시키겠는가? 마음이 한없이 답답했다. 아무런 대답도 못하고 울고 있는 아이의 어머니를 뒤로 한 채 집으로 돌아왔다.

그날 저녁, 혼자서 기도를 하는데, 기도 중에 하나님이 내게 믿음을 주셨다.

"죽은 자도 일으키시는 하나님, 1퍼센트의 가능성이 있지 않습니까? 의사들이 안 된다고 해도 하나님이 하시면 되는 줄 믿습니다. 하나님, 성경의 기적이 오늘 이 자리에 나타나게 하옵소서!"

나는 그렇게 간절히 기도하고 수술을 결정했다.

수술 당일, 아이의 아버지는 병원에 올 수 없었다. 아이의 어머니와 내가 예배를 드리고 의사 선생님을 만나 수술동의서에 서명했다. '수술하다가 죽어도 괜찮다'는 서명이었다.

난 수술이 진행되는 동안 교회로 갔다. 그리고 무릎 꿇고 기도했다.

"하나님, 지금 수술을 받고 있는 호철이를 살려주십시오. 그래서 이 아이가 걷고 뛰며 하나님을 찬양하게 하옵소서. 이 가정에 새로운 희망과 소망이 되게 하옵소서. 죽음에서 승리하시고 부활하신 주님, 죽음에서도 살리시는 주님, 부디 우리 호철이를 살려주십시오."

간절한 기도였다. 나는 정작 우리 아이를 위해서는 그렇게 간절하게 기도한 적이 없었다. 하지만 그 아이를 위해서 그렇게 간절하게 기도하지 않을 수 없었다. 그만큼 상황이 절박했다.

마침내 수술이 끝났다. 그런데, 하나님의 놀라운 이적이 일어났다. 의사들이 99퍼센트 죽을 것이라고 장담한 호철이가 삼 일만에 깨어난 것이다. 할렐루야! 비록 다른 아이들보다 늦게 회복되기는 했지만 살아난 것이다. 그 기쁨을 뭐라고 표현해야 좋을까? 말로는 설명할 수가 없는 기쁨이었다. 나는 중환자실에서 호철이의 손을 붙잡고 "할렐루야! 감사합니다. 감사합니다, 하나님. 감사합니다! 하나님, 감사합니다!"를 외치고 또 외쳤다.

하나님의 기적은 오늘, 이 자리에 나타난다. 나는 그것을 내 두 눈으로 똑똑히 확인했다. 그 기적을 보며 나는 다짐했다. 단 1퍼센트의 가능성만 있다면 나는 무엇이든 시도하리라! 모든 사람이 다 안 된다고 하더라도 하나님만 함께 하시면 반드시 된다. 그것이 나의 믿음이고 신앙 간증이다.

가슴 아픈 미정이 이야기

심장병 환자를 만나다 보면 별의별 사람들을 다 만나게 된다. 가난한 사람에서부터 부자에 이르기까지 참으로 다양하다. 특히 병원에서 만나는 사람 가운데는 사정이 그렇게 어렵지 않은데도 불구하고 우리에게 도와 달라고 하는 사람도 있다. 하지만 대부분의 사람들은 가난하고 힘든 사람들이다.

하루는 두 명의 시각장애인이 밀알 사무실을 찾았다. 출석하던 교회 목사님이 추천해서 사무실을 오게 되었다고 한다. 부부였는데, 둘 다 시각장애인이었다. 슬하에 딸만 둘을 두었는데, 둘째가 심장병이었다. 둘째 딸의 이름은 '미정'이었다. 돈이 없어 병원에서 검사도 받지 못한 상태였다. 국가에서 주는 보조금과 안마나 지압을 통해 생계를 유지하고 있었는데 네 식구가 살기에도 버거운 수입이었다.

가정 방문을 했다. 집은 언덕배기에 있었다. 가파른 계단을 올라가야 했다. 정상인도 오르내리기 힘든 곳인데 돈이 없다보니 이곳으로 이사를 왔다고 한다. 집안은 너무 초라하고 어두웠다. 두 분이 다 시각장애인이다 보니 밝으나 어두우나 매한가지였던 것이다. 미정이와 언니 역시 그런 생활에 익숙한 모양이었다.

방안은 냉골이었다. 온 가족이 전기장판에서 생활하고 있었다. 춥지 않느냐고 물어보니 기름 값이 너무 비싸 전기장판으로 견디고 있다는 것이었다. 그것뿐만이 아니었다. 처음에는 잘 몰랐는데, 가만히 보니 미정이의 걸음걸이가 이상했다. 그래서 발을 자세히 보니 발가락이 두 개 없었다. 그래서 제대로 걷지를 못했던 것이다. 부모는 시각장애인에 딸은 심장병, 게다가 발가락이 두 개나 없어 제대로 걷지도 못하는 모습을 보니 정말로 할 말이 없었다.

　바로 미정이를 병원으로 데리고 가서 검사를 했다. 선교회 직원들이 총동원되어 미정이를 들쳐 업고 검사실을 돌며 검사를 받았다. 다행히 검사 결과 수술은 할 수 있다는 판정이 나왔다. 수술 날, 새벽부터 선교회 간사들이 병원으로 달려왔다. 함께 예배를 드리고 나는 미정이에게 이렇게 말했다.

　"미정아, 힘내! 하나님이 너와 함께 하신단다. 목사님과 여기 선교회 언니들이 많이 기도하고 있단다. 다들 좋은 분들이야. 저렇게 좋은 분들이 기도하고 있으니 절대 포기하면 안 된다. 울지 말고 힘내야 한다."

　그랬더니 미정이는 쏟아지는 눈물을 억지로 참으며 내 손을 꼭 잡았다. 나는 미정이 부모님의 손을 끌어다가 미정이의 손 위에 겹쳐 잡았다. 아버지가 미정이에게 "미정아, 잘해!"하고 위로했다.

　수술은 많은 분들의 기도와 하나님의 응답으로 잘 되었다. 수술 전에는 몇 걸음만 걸어도 바로 주저앉던 미정이가 이제는 병원 복도를 걸어 다니고 때로는 뛰기도 한다. 그리고 잃었던 웃음을 되찾았다. 아이의 그 맑은 웃음소리를 들으며 나는 하나님께 감사의 기도를 드렸다.

　"하나님, 저 아이의 저 웃음소리가 천국 가는 그날까지 계속되게 하옵시고, 우리를 돕는 수많은 사람들 가정에도 늘 아이들의 웃음소리가 넘치게 하옵소서! 아멘."

단돈 10만 원이 없어 죽은 청년

어느 날, 선교회 사무실로 전화가 걸려왔다. 목소리로 가늠하기는 20대 초반의 아가씨처럼 느껴졌다.

"여보세요, 심장재단이지요? 제가 심장병을 앓고 있는데 도움을 주실 수 있나요?"

나는 "네, 도와드릴 수 있습니다"라고 대답했다.

그러자 그 아가씨는 다시 몇 가지를 물어보았다.

"그럼, 검사비는 얼마나 들어가나요?"

"아, 네. 10만 원정도면 기본 검사는 할 수 있습니다."

"아, 그래요. 그럼 제가 검사비를 마련한 뒤 다시 연락하겠습니다."

그렇게 전화는 끊어졌다. 하지만 그 아가씨로부터는 다시 전화가 걸려오지 않았다. 하지만 나는 바쁜 일정 속에서 그 일을 까맣게 잊고 말았다. 수술을 시켜줘야 할 환자도 많았고 무료 진료도 다녀야 했기 때문에 무척 바빴다. 수술 건수가 늘면서 협력 병원도 많아졌고 그런 만큼 가야 할 곳도 많아졌고 돌아보아야 할 곳도 많아졌다.

2년이 지난 어느 날, 그 아가씨로부터 다시 전화가 왔다. 자신이 검사비를 마련해보려고 했는데 도저히 안 되더라는 것이었다. 그러면서 수술을 하게 해달라는 이야기였다. 이제는 걸을 수도 없고 숨을 쉬기도 힘들다는 설명이었다. 그래서 사무실로 찾아오라고 했다.

직접 만나보니 23살 청년이었다. 21살 때 전화하고는 2년여 만에 사무실로 찾아온 것이다. 지금으로서는 10만 원이 큰돈이 아니지만, 당시만 해도 작은 액수가 아니었다. 소규모 회사에서는 한 달 치 월급이었다.

검사를 했다. 시간이 너무 늦었다. 그래서 급하게 수술에 들어갔다. 그 청년의 소원은 자신의 발로 산에 한번 올라가는 것이었다. 수술에 들어가기 전, 나는 그 청년의 손을 잡고 기도했다.

"하나님, 이 청년을 살려주세요. 단돈 10만 원을 못 구해 2년을 돌아다니다 이제야 저를 찾아왔습니다. 하나님이 꼭 도와주셔야 합니다."

그렇게 수술실로 들어갔는데, 예정보다 수술이 오랫동안 계속된다. 좋지 않은 징조다. 통상적으로 검사할 때 드러난 것보다 더 상황이 어렵거나 복잡하면 수술이 지연된다. 불안한 마음이 들었다. 나는 그 마음을 억누르며 기도했다.

저녁 늦게 의사 선생님이 수술실에서 나왔다. 피곤한 모습이었다. 나를 보고는 "잘 모르겠다"고 말하고는 자리를 떴다. 환자가 회복실로 올라왔는데 의식 불명이다. 겨우 10만 원이 없어서 수술 시기를 놓친 청년이었다. 그 청년은 그렇게 죽어가고 있었다. 청년을 바라보며 나는 한없이 울었다. 꽃다운 23살의 나이에, 단돈 10만 원이 없어서 그 아이는 세상을 떠난 것이다.

나는 그 청년이 정말로 원망스러웠다. 그때, 21살 때, 내가 수술해 준다고 했을 때, 그냥 왔으면 되는 거였다. 본인이 검사비를 모아서 온다고 하다가 결국 죽은 것이다. 단돈 10만 원 때문에!

그래서 나는 오늘도 기도한다.

"주님, 돈 때문에 죽는 사람이 없게 해주십시오. 이런 힘든 일을 다시는 하지 않도록 도와주옵소서!"

아이가 남긴 믿음의 유산

목포에서 급한 전화가 걸려왔다. 아이가 아파 큰 병원으로 데려갔는데 심장병이란 진단이 나온 것이다. 병원에서는 수술하면 아이가 죽으니 아이를 포기하라고 권유했다는 것이다. 아이의 부모는 내게 어떻게 했으면 좋겠냐고 다급하게 묻는다. 나로서도 대답하기 힘든 일이었다. 정말 어떻게 하면 좋을까?

그 부모의 전화를 받으며 나는 내 조카가 생각났다. 그때 둘째 형수는 임신 7개월째였다. 시골 큰집에 내려가 있었는데, 동네 사람이 술을 먹고는 새벽에 큰집에 들어와서 행패를 부렸다. 너무 놀란 형수는 그만 조산하고 말았다. 거기서는 제일 큰 종합병원으로 가서 조카를 낳았는데, 1.1킬로그램이었다. 당황한 의사들이 부모를 불러 아이를 포기하라고 권유했다. 병원이 생긴 이래 이런 조숙아는 처음 보았다는 이야기였다.

둘째 형이 내게 전화를 걸었다. 상황을 설명하고는 내게 어떻게 하면 좋겠느냐고 물었다. 그때 나는 형에게 당장 복음병원으로 아이를 데리고 오라고 했다. 내가 형에게 그렇게 말한 것은 '생명은 하나님이 포기하는 것이지 사람이 포기하는 것이 아니다. 아이는 하나님이 우리에게 선물로 주신 존재'라는 믿음이 있었기 때문이었다.

그 종합병원에서 복음병원까지 구급차로 3시간 거리였다. 그런데 구급차가 출발한 지 1시간 30분만에 산소가 떨어졌다. 복음병원에 구급차가 도착했을 때 아이는 반죽음 상태였다. 산소가 부족해 머리 위 급소 부분에 커다란 혹이 생겼다. 아이의 몸무게는 0.8킬로그램으로 떨어졌다.

복음병원의 의사들이 급하게 움직였다. 의사들을 따라 나도 미숙아 병동으로 뛰었다. 병동으로 들어가며 보니 그곳에 있는 신생아의 대부분이 일반 신생아보다 작은 편이었는데, 그 가운데서도 내 조카는 작아도 너무 작았다. 의사는 내게 장담할 수 없다며 심각한 표정을 지었다. 나는 그에게 제발 최선을 다 해달라고 부탁했다.

그러고는 혼자 기도했다.

"하나님, 제발 살려 주십시오. 제발 제 조카를 살려 주십시오."

그런 기도를 드리고 몇 개월의 시간이 흘렀다. 아이는 죽지 않았다. 살아났다! 병원에서는 '기적'이라고 했다. 그랬다. 기적이었다. 성경에 기록된 것처럼 '놀라운 이적'이었다. 의사들의 경험과 지식으로는 도저히 이해할 수 없는 일이 일어난 것이다. 하지만 하나님의 뜻하심이 있으면 '당연'한 일이었다. 그 일을 통해 나는 우리의 생명이 하나님께 있으며 모든 생명은 다 소중하다는 사실을 새삼 절감하게 되었다.

그런 경험이 있었기에 나는 목포에서 전화를 건 부모들에게 아이를 데리고 서울로 올라오라고 했다. 환자가 도착하자마자 급하게 수술이 이루어졌다. 나는 여러 교회 목사님들과 후원자들에게 기도 부탁을 했다. 죽고 사는 것이 모두 하나님의 손에 달려있었다. 인간이 할 수 있는 일은 그저 기도뿐이었다.

수술 5일 만에 전화가 왔다. 수술이 잘 되어서 일반 병실로 옮겼다는 이야기였다. 그런데 약간 마음에 걸리는 것이 있었다. 통상적으로는 3일이면 일반 병실로 오는데 그 아이는 5일 만에 왔다는 사실이었다. 하지만 그런 이야기는 하지 않았다. 아이의 부모님은 무척 좋아했다.

그러면서 "너무 너무 감사하다"고 말했다.

하지만 아이의 수술은 1차로 끝나지 않았다. 2차, 3차, 4차, 5차 수술까지 이어졌다. 수술은 하나님의 은혜로 잘 이루어졌다. 하지만 아이는 결국 하나님의 품에 안겼다. 안타까운 일이었다. 그런데 아이가 죽고 난 후 부모들의 이야기가 너무도 감동적이었다. 아이가 하늘나라로 가면서 자신들의 가정에 동생을 선물로 주고 갔다는 이야기였다. 그러면서 "너무 감사하다"고 말했다. 비록 그 아이는 자신들의 곁을 떠났지만 늘 감사하던 부모들에게 하나님은 더 좋은 선물을 주신 것이다.

그 부모들을 통해 나는 큰 교훈을 얻었다. 가장 좋지 않고, 가장 힘들 때, 가장 아프고 고달플 때, 그런 때에도 감사해야 한다는 것이다. 그러면 하나님이 더 큰 선물로 갚아주신다. 그 아이가 자신의 부모들에게 준 최고의 선물은 바로 그런 믿음이었다.

또 다른 죽음, 그리고 기적

우리 선교회에 가장 어린 환자가 들어왔다. 효경이, 태어난 지 3개월 된 아기였다. 효경이는 거제도 면장님의 추천으로 밀알에 등록했다. 정밀 검사를 위해 입원했지만 피가 좋지 않고 여건이 맞지 않아 결국 진주로 내려갔다.

그런데 진주로 내려간 효경이의 증세가 갑자기 악화되기 시작했다. 소식을 듣고 급하게 진주대학병원으로 갔더니 병원에서 잡은 수술 날짜까지 아이가 기다릴 수 없을 것 같다는 이야기를 했다. 눈앞이 캄캄

했다. '하나님, 이 일을 어떻게 해야 합니까?'

내 휴대폰이 울렸다. 효경이 아버지의 다급한 목소리가 휴대폰을 통해 전해왔다.

"목사님, 수술도 하기 전에 효경이가 죽을 것 같습니다. 각오하고 있으니 백병원으로 수술 스케줄을 잡아 주십시오."

다급하고 눈물 어린 아버지의 호소였다.

나는 부랴부랴 서울의 백병원으로 연락을 취했다. 진주대학병원의 과장님이 직접 앰뷸런스를 타고 효경이를 백병원으로 데려갔다. 효경이의 얼굴이 퉁퉁 부어올랐고 무척 힘든 표정이었다. 수술 날짜를 한참 앞당겨 7월 7일 급하게 수술이 시작되었다. 의사 선생님들은 모든 일정을 포기한 채 효경이에게 매달렸다. 우리도 전날 집회를 마치고 새벽에 돌아와서 옷만 갈아입은 채 병원으로 향했다. 그리고 오전 7시에 예배를 드렸다. 부디 하나님의 도우심이 효경이에게 있기를…. 오직 그 마음뿐이었다.

오전 8시, 수술이 시작되었다. 효경이가 수술을 받는 동안 후원 교회들의 간절한 기도가 이어졌다. 선교회 스태프들은 금식한 채 눈물로 기도에 매달렸다. 하지만 이런 기도에도 불구하고 수술은 오후 4시까지 계속되었다. 수술 시간이 너무 길어지고 있었다. 너무 어린 아이라 수술 자체가 힘들다고는 하지만 지체되는 수술 시간에 우리는 불안감과 긴장을 감출 수 없었다.

수술은 서녁때가 되어서야 끝났다. 그 시간 동안 우리는 계속해서 기도했다. 지친 몸을 이끌고 집으로 돌아왔는데, 밤늦게 병원에서 연락이 왔다. 효경이가 힘들다는 소식이었다. 수술이 끝났는데도 소변이 나오지 않는다는 것이었다. 어쩔 수 없이 복막투석을 해야 한다는 이야기였다. 한숨이 절로 나왔다. '참 어렵구나….'

효경이 아버지에게서도 전화가 왔다. 효경이 아버지는 신앙이 없는 사람이었다. 그래도 수술하는 동안 오로지 하나님만 의지하는 모습을 보여주었다.

이튿날인 7월 8일에는 김해 동부교회의 이말례 환자 수술이 또 잡혀 있었다. 효경이 건으로 정신이 없는데 연이어 수술이 이어지니 정말로 정신을 차리기 어려웠다. 하지만 피할 도리가 없었다. 새벽부터 병원으로 향했다. 환자는 판막을 두 개나 수술해야 했다. 어려운 수술이었다. 기도가 절로 나왔다.

"하나님, 제발 도와주십시오."

병원에 도착하니 동부교회 목사님이 먼저 와 있었다. 아침 7시에 예배를 드리고 8시에 환자는 수술실로 들어갔다.

"하나님, 두 건의 수술이 이어지고 있습니다. 오늘은 이말례 집사님입니다. 제발 우리 효경이 살려주시고 이 집사님도 살려주세요. 그래서 하나님이 살아계심을 증거하게 해 주십시오."

우리는 금식하며 기도했다. 초조하게 소식을 기다리는데, 오후 3시경 겨우 수술이 끝났다. 수술이 힘들면 집도하는 의사나, 기도하는 우리나 다 같이 긴장과 초조함에 지친다.

저녁에 집에 도착했는데, 병원에서 급한 연락이 왔다. 저녁도 먹지 못하고 다시 병원으로 향했다. 이말례 환자의 피가 멈추지 않았다. 지혈이 되지 않는 것이었다. 수술하고 피를 많이 흘려서 혈소판이 모자란 상태였다. 상황이 너무 어려웠다. 이럴 때는 할 수 있는 게 기도밖에 없다.

"하나님, 도와주십시오. 살려 주셔야 합니다."

저녁 8시, 재수술이 시작되었다. 수술이 진행되는 동안 교회로 향했다. 강습회가 있는 날이어서 교사들이 많이 나와 있었다. 그들에게 특별 기도를 부탁했다. 교사들과 나는 한마음으로 이말례 환자와 효경이를 살려 달라고 통성으로 부르짖었다.

그렇게 기도를 마치고 집으로 가서 밥을 먹으려고 하는데 휴대폰이 울렸다. 효경이가 위독하단다. 밤 10시 40분, 다시 병원으로 간다. 비상등을 켠 채 병원으로 향하는데, 그 길이 얼마나 까마득하고 멀게만 느껴지던지…. 나는 운전대를 잡은 채 눈물을 쏟았다.

"하나님, 효경이 살려주세요. 예수 믿지 않는 가정입니다. 제발 살려주셔야 합니다. 그래야 합니다."

급하게 병원 중환자실로 들어갔다. 상황이 심각했다. 효경이 아버지와 어머니는 너무 울어서 눈이 퉁퉁 부어 있었다. 하지만 이미 흘러간 물은 돌이키기 어려웠다. 얼마 후, 의사 선생님이 다가와서 효경이의 심장이 멈추었다고 알려주었다. 의료진으로서도 더 이상 할 수 있는 것이 없다고 말했다.

"아, 하나님! 주여…."

체념한 듯 효경이 어머니가 산소 호흡기를 떼자고 말했다. 밤 11시 14분이었다. 효경이는 그렇게 천국으로 갔다. 그동안 10여년이 넘게 죽는 아이가 하나도 없었는데 결국 효경이를 떠나보내고 말았다. 모든 것이 이 부족한 종 때문이라고 느껴졌다. 인간으로서의 무력감이 절실하게 온 몸을 파고들었다. 내가 할 수 있는 일은 그저 하나님 앞에 무릎 꿇고 엎드리는 것밖에 없었다.

그런데, 그런데…, 다음날 기적이 일어났다. 정말 그것은 기적이라고 밖에는 설명할 길이 없다. 신앙을 가지고 있지 않던 효경이 아버지가 내게 예배를 드린 후 화장을 하자고 말한 것이다. 할렐루야! 나는 아이가 살아야만 효경이 아버지가 예수님을 믿을 것이라고 생각했다. 그런데, 기대와 달리 아이가 죽었는데도 효경이 아버지는 예수를 믿겠다고 말한 것이다. 성령의 역사 없이는 도저히 일어날 수 없는 일이었다.

나중에 화장터에서 들은 이야기지만, 효경이의 할머니와 아버지, 그리고 어머니는 우리가 금식하며 새벽이고 밤이고 시간에 관계없이 효경이를 살리기 위해 동분서주하는 모습을 보면서 하나님이 살아계심을 느꼈다고 한다. 친자식이라면 몰라도 친척도 그렇게는 하지 않는다는 것이 효경이 부모님의 생각이었다.

그 말을 들으며 나는 비로소 깨달았다. 그렇다! 성경의 말씀처럼 우리의 착한 행실을 보고 믿지 않는 자들이 주께 돌아오는 것이다. 진심으로, 정성을 다해 그들을 섬길 때 성령의 역사가 일어난다. 최선을 다할 때 놀라운 전도의 역사가 일어나는 것이다.

7월 10일 새벽 5시 30분, 나는 진주로 향했다. 진주의료원 장례식장에서 효경이의 발인 예배가 드려졌다. 나는 안치실에서 효경이를 만났다. 효경이는 하얀 천사였다. 하지만 수술자국이 그대로 남아 있었다. 가슴에 난 피멍들을 보고 온 가족이 울었다. 관을 덮기 전에 목사가 기도해야 되겠다 싶어 마지막으로 기도해주고 화장터로 보냈다.

"하나님, 효경이가 문제가 아니라 이 가정이 큰 아픔을 앓고 있습니다. 효경이 할아버지는 두 달 전에 교통사고로 소천하셨고, 그 아픔이 채 가시기도 전에 또 어린 딸을 천국으로 보냈습니다. 남은 자들의 가슴이 얼마나 아프고 고통스럽겠습니까. 주님, 너무도 큰 아픔을 겪고 있는 가정입니다. 부디 하나님이 이 가정을 위로하시고, 이 가정에 평강을 내려주시고, 커다란 기쁨으로 채워주시옵소서."

기도를 하는데 목이 메어 제대로 말을 이을 수가 없었다. 기도 내내 가족들은 울음을 참지 못하고 흐느꼈다.

그렇게 효경이는 화장터의 불길 속으로 사라졌다. 효경이의 몸은 한줌의 재가 되어 나에게 전달되었다. 나는 효경이의 유골을 정성스럽게 수습해 아이의 부모님에게 주고 사무실로 돌아왔다. 돌아오는 길, 나는 흐르는 눈물을 주체할 수 없었다. 가슴이 한없이 먹먹했다. 나는 울며 마음으로 기도했다.

"하나님, 우리의 연약함을 아시지요? 하나님, 저희 힘으로는 아무것도 못함을 고백합니다. 오로지 하나님만이 모든 것을 하실 수 있음을 고백합니다. 오직 하나님만이 우리의 소망이 되십니다. 오, 주여 부디 불쌍하고 연약한 종들을 위로하여 주옵소서."

그렇게 부족한 종은 기도하며 다짐했다. 그래! 처음 마음으로 하자! 하나님이 좋아서, 생명이 살아나는 것이 좋아서, 죽을지 살지 모르고 밥을 굶어가며 뛰던 그 처음 마음으로 돌아가자! 그래서 마지막 때에 주님이 오라 하시면 잘했다고, 충성된 종이라고 칭찬받을 수 있는 그런 종이 되자!

주님의 만나

수술비 마련은 항상 힘들었다. 한때는 모금함을 들고 거리로 나서 기도 했는데, 매일 매일이 힘들고 어려웠다. 밥도 먹지 못하는 때가 한 두 번이 아니었다. 거리에서는 내가 너무 마른데다가 목소리에 힘도 없으니 네가 심장병 환자 아니냐며 돈을 주는 아주머니들도 있었다.

나는 지금도 5월 석가탄신일을 뚜렷이 기억한다. "목사가 웬 석가 탄신일?"하고 생각하겠지만, 나로서는 그럴만한 사정이 있다. 수술비를 모금하기 위해 석가탄신일에 맞춰 새벽부터 저녁 늦게까지 큰 사찰 앞에서 모금을 했기 때문이다. 그러면 평소에는 거들떠도 안 보던 사람들이 아끼지 않고 큰돈을 모금함에 넣었다. 그 어떤 날보다 모금이 많이 돼 수술비를 지급하곤 했다.

하지만 늘 마음 한 구석에는 죄책감이 있었다. '하나님! 이 돈으로 수술비를 지급해도 죄는 아니지요?' 당시 나의 기도는 "하나님! 이들의 수술비를 갚아 주세요! 또 큰 절 앞에 모금함을 들고 가야 하나요? 아니면 무릎 꿇고 기도해야 하나요?"였다. 그런데 하나님은 정확하게 2년 후 내 기도를 들어 주셨고 나는 이제 다시는 절 앞에서 모금을 하지 않는다.

밀알심장재단을 운영하면서 여러 가지 필요한 일들이 많았지만, 역시 제일 어려운 문제는 재정의 확보였다. 이를 위해 나는 수많은 일을 했지만, 가장 먼저 시작한 것이 '인형 장사'였다. 당시 부산에는 국제상사, 태화 등 많은 신발 공장과 봉제 공장이 있었다.

앞에서 잠깐 언급했지만, 아는 집사님의 사무실에 얹혀 있다가 쫓

거난 후, 참으로 막막했다. 그때 내가 다니던 시골 교회 전도사님의 말이 생각났다. 이 전도사님은 새벽마다 나를 생각하며 기도해주신 분이고 내가 당당한 리더로 설 수 있도록 뒤에서 말없이 지원해주신 분이다. 그분이 내게 이렇게 말했다.

"이 선생, 무엇을 하려면 가장 먼저 장사를 해보세요."

그래서 '그럼 내가 가진 돈으로 장사를 해 보자. 그 수익금으로 심장병 환자를 돕자'고 생각했다. 그리고 물어물어 한 봉제 공장을 찾아갔다. 그 공장은 봉제 토끼와 곰을 만들어 수출도 하고 국제시장과 서울 남대문시장에도 납품을 하는 곳이었다.

공장의 사장을 만나 명함을 주고 "좋은 일에 사용하려고 하는데 좀 싸게 공급해주세요" 하니 사장은 반신반의하는 표정이었다. 나이도 어린 사람이 심장병 환자를 돕는다고 하니 잘 믿기지 않던 모양이었다. 어쨌든 그 사장은 시중에서 800원 정도하는 인형을 250원에 공급해주었다.

토끼 인형을 받았는데, 생각보다 부피가 컸다. 비닐봉지에 담았는데 거의 크기가 내 키만 했다. 내 키가 별로 크지 않은 탓도 있었지만, 그만큼 많은 부피가 나갔다. 그래서 그걸 메고 낑낑거리며 버스를 타고 한 시간 반에 걸쳐 사무실로 왔다.

사무실의 간사들과 의논하여 인형을 하나에 500원씩에 팔기로 했다. 그런데 사람들이 한 마리보다는 한 쌍으로 달라고 한다. 그래서 한 쌍으로 묶어 1000원에 판매했다. 일단 판매를 시작하니 생각보다 잘 팔렸다.

그런데 문제는 엉뚱한 곳에서 발생했다. 인근 상인들이 가만있지를 않았다. 우리 때문에 장사가 안 된다며 우리를 쫓아냈다. 할 수 없이 이곳저곳을 떠돌며 장사를 하게 되었다. 처음 하는 장사에 이런 일까지 당하니 창피하고 내가 왜 이런 수모를 당하며 장사를 해야 하는지 서글 픈 생각이 들었다. 하지만 그럴 때마다 '심장병 환자를 위한 일이라면 내가 무엇을 못하겠는가'라는 생각으로 스스로를 다독였다.

한동안 열심히 장사를 했지만 이것으로는 심장병 환자 수술비 마련이 힘들다는 결론에 도달했다. 그 수익률로는 재정을 다 충당할 수가 없었다. 그래도 한 석 달 장사를 하면서 나는 나의 정체성을 확인하게 되었고, 많은 사람들을 만나면서 새로운 경험도 쌓았다. 좋은 사람들도 많이 만났고, 공장쪽 사람들과 시장 사람들에 대해 이해하는 시간이 되었다.

인형 장사를 접고는 유자차 쪽으로 방향을 틀었다. 우연한 기회에 거제도를 갔는데 여전도회에서 유자차를 팔아 교회를 지은 곳을 보았다. 또 어떻게 하다가 서울 영락교회와 충현교회의 유자차 사업 동참을 약속 받게 되었다.

그래서 거제도 유자차 사업을 시작했다. 나는 무거운 유자차를 메고 빌딩을 오르내리고 배달도 하면서 많은 곳을 돌아 다녔다. 그런데 재고의 문제가 발생했다. 방부제를 넣지 않으니 오래 보관할 수가 없었다. 또 각 교회 여전도회에서 팔다가 남은 것을 회수하는 것도 문제였다. 결국 이 사업도 오래 가지는 못했다.

그래서 다음으로 시작한 것이 유자병과 유자 박스 사업이었다. 농협에서 농민들에게 비싼 값으로 병과 박스를 판매하는 것을 보고 아이디어를 얻었다. 우선 서울로 올라와서 유리병을 만드는 회사를 찾아갔다. 명함을 내밀며 유자병을 만들어 달라니 모두가 거절했다. 다음날 다른 공장을 찾아갔지만 결과는 마찬가지였다.

그래서 다음 날은 새벽부터 기도를 강하게 했다. 그러고는 한 공장을 들어가기 전에 다시 한 번 기도하면서 이번만은 꼭 좋은 사람을 만나게 해 달라고 간구했다. 공장 사무실로 들어갔더니 무엇 때문에 왔느냐고 물었다. 그래서 나는 심장병 환자를 위해 일하는 사람인데, 수술비 마련을 위해 거제도에 유자병을 공급하고 그 이익금으로 수술비를 지원하려고 한다고 말했다.

내 이야기를 들은 사장이 새로운 디자인이 있으니 한 번 보라고 말했다. 디자인이 너무 좋았다. 그런데 문제는 돈이었다. 나는 돈이 한 푼도 없었다. 그래서 그 사장님에게 "나는 돈이 없고 지금까지 내가 수술 시켜준 아이들이 나의 전부"라고 말했다. 그런데 그 사장님이 의외로 관심을 가져주었다.

그는 "젊은 사람이 좋은 일을 한다"면서 어떻게 이 일을 시작하게 되었느냐고 물어 보았다. 나는 1983년 대우조선해양 작업장에서 떨어진 일과 지금까지 겪어온 과정들을 이야기해주었다. 그러자 그 사장님은 "내가 예수 믿는 사람들은 잘 안 믿지만 당신은 한 번 믿어 보겠다"고 말했다. 할렐루야! 하나님은 그렇게 나의 기도에 응답해주신 것이었다.

계약 조건은 거제도로 유자병을 5톤 트럭 3대분으로 이틀에 한 번씩 보내주면 그것을 내가 팔아 다음날 바로 송금하는 조건이었다. 말이 되지 않는 조건이었다. 선금도 없고 물건을 내려 보내고 다음날 돈을 받는다는 것은 생각하기 어려운 계약이었다. 하지만 하나님은 돈 한 푼 없이도 하나님의 일을 할 수 있다는 기적을 보여 주셨다.

이 일로 나는 많은 수익금을 얻었다. 그리고 그 수익금을 수술비로 사용했다. 하지만 이것도 한 해로 마무리 지었다. 거제도의 유자 생산량이 지나치게 많아져서 가격이 폭락할 것 같았기 때문이었다. 내 예상은 정확했다. 그 다음 해, 유자 값은 폭락했다. 장사를 계속했다면 큰 손해를 입었을 것이다.

이런 장사 외에 내가 한 것은 기타를 들고 캠프장을 찾는 일이었다. 여름에는 늘 학원 캠프가 유행했다. 그때도 마찬가지였다. 당시 나는 공무원 교육 강사이자 레크리에이션 강사로 활동하고 있었다. 내가 강사 활동을 시작한 것은 밀알선교회 간사 임금 때문이었다. 후원을 받는 곳이 없었기 때문에 수술비도 그렇고 간사 월급도 그렇고 늘 약속한 시간을 지키기가 어려웠다.

그래서 유치원·학원 캠프 진행자로 일하고 한 달에 800만 원을 받기로 계약을 했다. 이 돈으로 간사들 월급을 주기 위해서였다. 그런데 그 한 달의 시간이 결코 쉬운 것이 아니었다. 내 결혼식이 8월17일이었는데, 캠프가 8월 14일에 끝났다. 결혼 준비하기가 빠듯한 시간이었다. 그렇다고 안 할 수는 없는 노릇이었다. 매일 유치원생들과 함께 자장밥과 카레밥을 먹으며 힘든 시간이었지만 잘 마무리 할 수 있었다. 밀알선교회는 그렇게 하루 하루, 한 달 한 달을 주님의 만나로 살았다.

수술비 재원을 마련하기 위해 한 일 가운데 음악회도 있었다. 1988년 5월 4일과 5일, 고신대학교 음악과 학생들과 복음가수 전용대 목사를 초청해 사랑의 음악회를 열었다. 우리로서는 첫 음악회였고, 장소는 거제도 옥포 극장이었다.

한 번도 해보지 않은 일이어서 조금은 겁이 났다. 당시에는 이런 음악회가 잘 되지 않았다. 행사를 연 거제도에는 적당한 문화 공간도 없어서 극장을 빌렸다. 특별한 홍보 수단이 없었기 때문에 무조건 발로 뛰었다. 믿음으로 기도하고, 목사님들을 만나고, 학교를 찾아가고, 스폰서를 세워 이틀 일정으로 음악회를 열었다.

음악회는 성공적이어서 사람들이 많이 왔다. 그런데 이런저런 경비를 제하고 나니 남는 것이 없었다. 경비의 대부분이 인쇄비, 대관료, 출연료 등이었는데, 학생 100여 명을 먹이고 재우고 이동시키는 일이 결코 쉬운 일이 아니었다. 그래도 이 행사를 통해 하나님은 더 좋은 것으로 우리를 축복하셨다. 고신대학에서는 이 음악회를 계기로 펠로스 합창단이 생겼다. 우리 음악회는 이후 심장병 환자를 위한 사랑의 음악회로 KBS 홀에서 한국의 유명한 성악가를 초청하여 행사를 진행하기도 했다.

하지만 나는 음악회가 다시 교회로 돌아가야 한다고 생각했다. 복음을 전할 수 있기 때문이었다. 나는 음악회를 통해 교회와 심장병 환자가 만나야 한다고 생각했다. 단순히 심장병 수술만 하는 것은 의미가 없었다. 저들의 죽어가는 심장에 예수 그리스도의 심장을 심어야 했다. 나는 이 사역이 교회 중심의 사역이 되기를 원했다. 한국 교회가 이 사역을 통해 지역과 교류하고 심장병 환자들에게 사랑을 주는 행복한 교회가 되기를 바랐다. 또 선교지에서는 선교사 중심으로 사역이 일어나기를 원했다.

지금도 사랑의 음악회에는 수많은 찬양사역자들이 헌신하고 있다. 자신의 바쁜 일정 속에서도 밀알의 사역을 최우선으로 생각하고 동참해주는 사역자들이 많다. 김석균 선교사, 전용대 목사, 김종찬 목사, 윤형주 장로, 박형근 집사, 최선자 권사, 소리엘, 이미희 사모, 옹기장이,

조애숙 사모, 아침 신현진, 손재석 목사, 소울, 김인식, 남궁송옥, 애드, 한옥정, 김수진, 신은총, 안민 교수 부부 등이 이 일에 동참하고 있다. 말 그대로 '사랑의 음악회'인 것이다.

사랑의 음악회에는 비록 유명한 밴드나 화려한 조명, 웅장한 음향 설비는 없지만, 이런 아름다운 사역자들의 헌신과 성도들의 사랑이 하모니가 되어 하늘에서는 가장 아름다운 음악회가 될 것이라고 생각한다. 헌신하는 사역자들의 귀한 땀방울은 하늘의 별처럼 빛날 것이다.

몽골 심장병 행사

① 무료 진료를 받기 위해 온 환자
② 자원봉사
③ 인도 슬램가 밀알 심장재단 학교

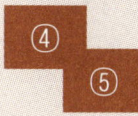

④ 심장캠프에서
⑤ 천사운동

PART2

세상에서 가장 큰
부자로 사는 사람들

우리에게 있어 돈은 어떤 의미를 지니는 것일까? 그 대답 가운데 하나를 보여주는 것이 미국의 한 여론조사 결과이다.

이 조사에 따르면, 1백만 달러(약 12억 원)를 벌 수 있다면 '가족도 버릴 수 있다'와 '믿음을 버리겠다'가 각각 25퍼센트로 1위였다. 다음은 '매춘이라도 하겠다'(23퍼센트), '배우자를 버리겠다'(16퍼센트), '살인자를 위해 위증도 할 수 있다'(10퍼센트) 순이었다. 조사결과 중에는 '살인이라도 할 수 있다'(7퍼센트)와 '아이들을 다른 사람에게 입양시키겠다'(3퍼센트)는 섬뜩한 대답도 있었다. 돈 앞에서 인간이 얼마나 모질고 악해질 수 있는지를 잘 보여주는 예라고 할 수 있다.

그럼, 우리나라 사람들은 어떨까? '로또 복권에 당첨되면 가장 먼저 하고 싶은 일이 무엇인가?'라는 질문에 '아내를 바꾸겠다'는 답이 1위였다. 지난 한 해 카지노, 복권, 경마장 등에서 대박의 꿈을 좇으며 날린 비용이 국민 1인당 32만원 꼴(16세 이상)이라고 한다. 이 가운데 정말로 인생역전을 이룬 사람은 몇 명이나 될까? 그보다는 쪽박을 찬 사람들을 찾는 것이 훨씬 더 쉬울 것이다.

나는 이런 황당한 이야기도 보았다. 지난해 7월 복권 1만여 장을 훔쳤다가 검거된 사람과, 역시 6만여 장을 훔친 혐의로 구속된 절도범에 관한 이야기였다. 그런데 이들이 훔친 그 많은 복권 가운데 1만 원 이상에 당첨된 복권은 단 한 장도 없었다고 한다. 그런데도 '대박'을 꿈꾸는 많은 사람들이 지금도 불나방처럼 곳곳에서 날개짓을 한다. 대박은커녕 자신의 몸만 송두리째 불탈 수도 있는데 말이다.

이처럼 많은 사람들은 돈을 좇는다. 돈을 벌 수 있다면 물불을 가리지 않는다. 그러나 세상에는 정 반대의 사람들도 있다. 자신의 피땀과 같은 돈으로 타인의 심장을 사는 사람들이다.

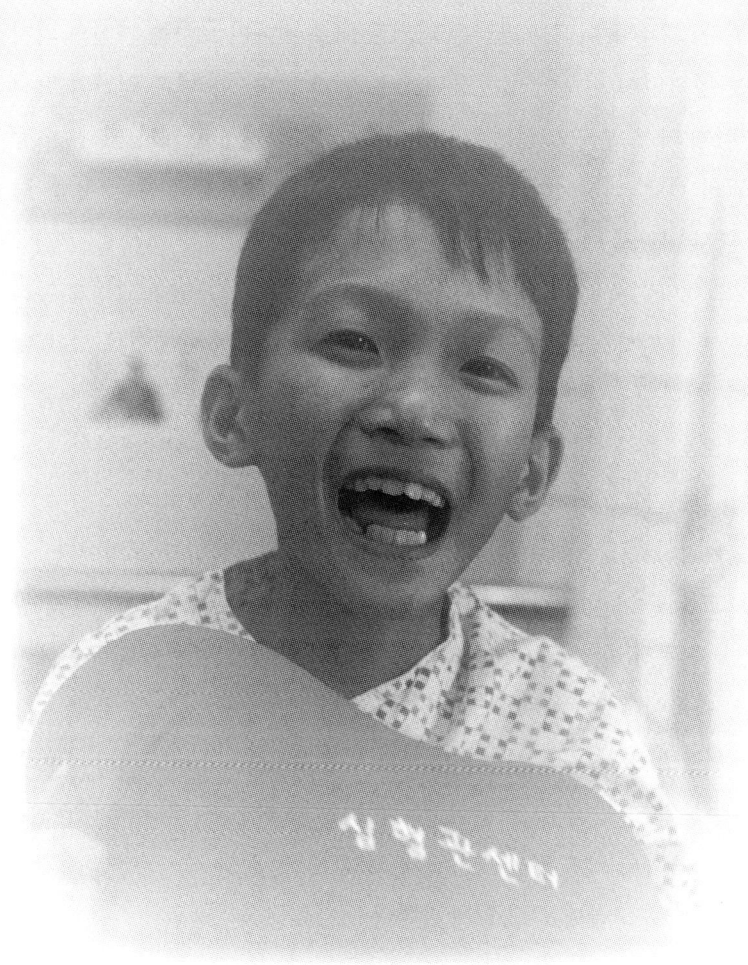

만남의 축복, 수술비를 들고 온 스님들

가수 노사연 씨의 노래 가사 중에 "우리 만남은 우연이 아니야"라는 가사가 참으로 마음에 와 닿는다. 실제로 우리의 삶은 늘 만남과 헤어짐으로 이어지고 그러한 만남 가운데 행복과 불행, 성공과 실패가 결정된다. 그러나 이러한 만남은 자기 뜻대로 된다기 보다는 자신의 의지와는 상관없이 이루어지는 경우가 훨씬 더 많다. 한 예로 인간의 탄생과 이에 따른 부모의 선택은 자신의 의지와는 전혀 관계가 없다. 초등학교의 선택, 선생님의 선택, 친구의 선택이나 배우자의 선택, 사업, 죽음 역시 내 마음대로 되는 것은 아니다.

그렇다면 우리의 삶은 우리의 의지와는 아무 관계없이 그렇게 흘러가는 인생일까? 모든 것이 운명으로 결정된 숙명의 세계일까? 그렇지 않다. 하나님은 우리를 이 세상에서 가장 소중한 존재로, 그리고 행복한 만남으로 축복해주셨다. 그래서 우리는 이 세상에서 숙명론자가 아니라 개척론자로, 실패자가 아니라 승리자로 살아가는 것이다.

우리의 만남은 우연이 아니라 하나님의 계획하심과 섭리이다. 좀 못나고 배운 게 없더라도 우리는 하나님의 작품이다. 우리 아이들도 공부는 좀 못하고 건강하지 않더라도 하나님이 최고의 선물로 우리에게 주신 축복이다.

심장병 환자도 마찬가지다. 나는 많은 심장병 환자를 만나서 상담을 해 보았는데, 그 가정에 심장병 자녀를 보낸 것은 하나님의 구원의 계획과 축복의 약속 때문임을 알게 되었다. 그래서 나는 심장병 자녀를 갖고 있는 부모들에게 힘 있게 말한다.

"심장병은 고난이 아니라 축복이며, 눈물이 아니라 기쁨이며, 좌절이 아니라 희망입니다."

심장병 자녀를 통해 우리 밀알심장재단을 만나고, 심장재단을 통해 예수님을 알고 믿게 되는 것이 축복이다. 청년 시절에 예수를 믿던 사람들이 사는 게 힘이 들어 교회를 멀리하다가 믿음을 회복하고 다시 교회를 나가게 되니 은혜이다. 또 심장병 자녀를 믿음으로 고쳐 주니 이 또한 가정의 기쁨이다. 그러니 누구를 만나느냐는 매우 중요한 일이다.

1991년의 일이다. 합천 군수(당시 김한배 씨)로부터 합천군 내의 심장병 환자들을 위한 수술 협조 요청을 받았다. 먼저 검사를 위해 합천의 여러 교회들에 장소 협조를 요청했지만 한 교회도 이에 응하지 않았다. 그래서 군수님에게 협조를 요청했더니 합천 해인사에 자리를 마련해주었다. 나는 군수님에게 다시 정중하게 요청했다.

"군수님, 절에서 행사를 하지 말고 시내에서 하는 것이 더 좋을 것 같습니다."

그랬더니 "그래요? 그럼 교육감에게 연락해서 중학교 강당에서 행사를 하지요" 하고 대답했다.

그렇게 해서 합천 중학교 강당에서 행사를 가졌다. 백병원의 의사들과 함께 오전에는 유치원과 초등학생, 중·고등학생을 중심으로 검사를 하고 오후에는 어른 위주로 검사를 했다. 당시만 해도 지방에서 심장병 검사를 하기는 매우 힘든 여건이었다.

이날 검사를 통해 많은 심장병 환자가 발견되었다. 환자 가운데 일부는 서울 백병원으로, 일부는 부산 백병원으로 보내 추후 검사와 수술을 하기로 했다. 저녁에는 그 자리에서 심장병 어린이 돕기 사랑의 음악회 행사를 열었다.

음악회가 열린 합천 중학교 강당은 합천 군민들로 가득 찼다. 그런데 내빈으로 오신 분들 가운데는 군수, 교육감, 경찰서장, 기자들 외에 해인사의 스님들도 있었다. 이날 해인사 스님들과의 짧은 만남은 지금도 나에게는 깊은 인상으로 남아 있다.

행사를 마친 후, 해인사 주지 스님은 나에게 거액의 돈을 내밀었다. 나는 깜짝 놀랐다. 큰 액수의 기부금도 기부금이었지만, 무엇보다도 그 스님의 말이 내게 깊은 감명을 주었다. 주지 스님은 밀알의 사역에 깊은 인상을 받았다며 자신들도 '감로 심장병 재단'을 만들겠다고 뜻을 밝힌 것이다. 비록 짧은 만남이었지만 저들은 우리를 통해 '선함'이 무엇인지를 보았던 것이다. 다시 말하면, 예수 믿는 사람들의 '선'을 본 것이다.

그런데 그들이 본 것이 그것뿐이었을까? 그렇지는 않을 것이다. 나는 그들이 우리의 심장에 살아있는 예수 그리스도의 사랑을 보았을 것이라고 믿는다. 짧은 만남이었지만 그 다섯 분의 스님은 지금도 나의 가슴에 남아 있다. 하나님은 불신자든, 바로 왕이든, 독재자든, 가룟 유다든, 그 어떤 사람을 통해서도 일하신다. 다만 좋은 만남은 생명을 살리고 나쁜 만남은 생명을 죽이는 결과를 낳는다는 것이 다를 뿐이다.

겸손한 자와 함께 하여 마음을 낮추는 것이 교만한 자와 함께 하여 탈취물을 나누는 것보다 나으니라 (잠언 16:19)

어느 날 사무실로 전화가 한 통 걸려왔다. 돈을 기증하고 싶다는 내용이었다. 그래서 일단 사무실로 한 번 오시라고 했다. 며칠 후 머리가 하얗게 센 백발의 어르신이 사무실로 찾아왔다. 명함을 교환한 뒤 연세를 물었더니 "77세"라고 대답했다. 어르신은 우리에게 수십억 원의 돈을 기부하겠다고 전화상으로 이미 이야기한 바 있었다. 나로서는 그 이유가 궁금했다.

나는 먼저 그 문제부터 물어보았다. 그분은 잠시 머뭇거리다가 이런 이야기를 했다. 평생 고생을 하며 돈을 벌었다는 것이다. 한 100억쯤 벌면 행복할 것이라고 생각하고 악착같이 100억을 모았는데, 정작 100억을 벌어보니 별로 행복하지 않다는 것이었다. 그래서 차라리 그 돈을 의미 있는 곳에 사용하기로 결심했다는 이야기였다.

100억 가운데 80억을 기부하기로 하고 방송국의 자문을 얻어 믿을 만한 단체 10곳을 선정한 후 마지막으로 우리에게 왔다는 것이다. 그분은 "이 땅에 와서 번 돈은 이 땅을 위해 쓰고 가는 것이 옳은 것 같다"며 가장 소중한 곳에 사용하기 위해 밀알을 찾아왔다는 것이었다.

그런데 그 10곳 가운데 왜 밀알에 마지막으로 오셨느냐고 물었다. 그랬더니 "예수쟁이에게는 돈을 주기 싫어서 마지막에 왔다"고 대답했다. 그럼 앞의 9곳은 왜 주시 않았느냐고 물었다. 그랬더니 30억은 백혈병 아이를 돕는데 주었고 나머지 50억을 주려고 하는데, 다른 곳들을 방문해보니 사무실이 너무 크고 직원들도 많아서 줄 수가 없었다는 것이었다. 그렇게 해서 밀알에까지 오게 되었다는 설명이었다.

나는 그분에게 "할아버지, 그럼 우리 밀알심장재단은 믿을 수 있다고 생각하시나요?"하고 물었다. 그랬더니 그분 말씀이 믿을 수 없다는 것이었다. 이유를 물었더니 밀알심장재단이 너무 초라하고 사람도 겨우 6명밖에 안 되는데 어떻게 이 큰 일을 하는지 모르겠다는 것이었다. 나는 우리가 이 사무실로 오게 된 사연을 말씀드렸다.

"할아버지, 할아버지가 보시는 것처럼 저희 사무실에는 제 책상이 없고 컴퓨터도 없습니다. 그 이유는, 2000년 어느 날 초등학교 선생님으로부터 편지가 왔는데 자기반 아이가 교통사고가 나서 죽게 되었다는 것이었습니다. 그때 그 학부모가 보상금으로 받은 돈 1,000만원을 가지고 와서 좋은 곳에 쓸 수 있도록 해달라고 부탁을 해서 선생님이 우리를 소개했다는 내용이었습니다. 그렇게 편지 안에 동봉된 1,000만원을 보았을 때 저는 큰 충격을 받았습니다. 당시 우리는 좋은 사무실을 사용하면서 임대료를 내고 있었습니다. 갑자기 제 자신이 부끄럽게 느껴졌습니다. 그렇게 소중한 후원금을 이렇게 사용해서는 안 되겠다는 생각이 들었습니다. 그때 저는 속으로 결심했습니다. 내가 아무리 불편하고 어렵고 힘들어도 후원자들의 생명과 같은 돈을 함부로 쓰지 않아야겠다, 저들의 귀한 의도대로 가치 있는 곳에 쓰기로 다짐했습니다. 그래서 이렇게 30년 된 허름한 주택으로 사무실을 옮기게 되었습니다."

그분은 묵묵히 이야기를 다 듣더니 자신의 통장을 넘겨주셨다. 그 속에는 50억 원이 예금되어 있었다. 나는 그분에게 "어떻게 이렇게 큰 돈을 모으셨습니까?"하고 물었다. 그분은 해방 전에 일본으로 징집되어 학교에서 기술자로 일했다. 그러다가 해방이 되어 다시 부산으로 돌아왔는데, 돌아오면서부터는 건축 자재 관련 일을 하게 되었다. 그렇게 모은 돈으로 자신의 가게를 열고, 다시 거기서 모은 돈으로 땅을 사고 빌딩을 샀는데, 그것이 계속 오르면서 모두 100억의 돈을 모으게 되었다는 것이었다. 그분은 이번에 돈을 주기 위해 갖고 있던 땅과 빌딩도 모두 내 놓았다고 말했다. 그분의 얼굴에서는 지난날의 고난과 기쁨들이 고스란히 드러났다.

나는 그분에게 "어르신, 그 돈을 지금 저희 밀알에 주지 마십시오. 제가 환자를 수술할 때마다 어르신에게 가도록 하겠습니다. 그리고 어르신이 자녀가 없으니 어르신의 도움으로 수술을 받은 아이들이 어르신의 자녀가 될 것입니다. 수술이 끝난 후에 어르신이 결제하면 됩니다. 저는 어르신의 돈은 십 원도 쓰지 않겠습니다" 하고 말했다. 그랬더니 그분의 표정이 너무 밝아졌다.

그분이 내게 물었다.

"다른 단체는 당장 돈을 달라고 하는 데 왜 목사님은 돈을 달라고 하지 않습니까?"

"할아버지, 저는 돈보다 할아버지의 건강이 더 걱정됩니다. 저에게 돈을 주면 그때부터 잠도 못 주무시고 밥을 먹어도 소화가 안 될 것입니다. 어르신은 그 돈 100억을 모으기 위해 잠도 자지 않고, 자식도 낳지 않고, 친척이나 친구의 결혼식에도 참석하지 않았습니다. 정말 자신의 생명과도 같고 자식과도 같은 돈입니다. 그래서 나는 그 돈을 받을 수 없습니다. 제가 그 돈을 받으면 어르신은 일주일 안에 돌아가시거나 길어도 한 달을 넘기지 못 합니다."

그러자 그분은 나의 손을 잡고는 "나의 전 재산이 다할 때까지 심장병 환자들을 고치겠다"고 말했다. 나는 그분으로부터 돈을 한 푼도 받지 않았지만 그보다 더 귀한 것을 받았기에 감사를 드렸다. 그 약속은 돈으로는 살 수 없는 소중한 약속이었다. 그분이 나에게 마지막으로 물어본 말이 "만약 내가 기부를 하기로 했다가 중간에 안 한다고 약속을 번복하면 어떻게 하겠습니까?"였다.

그때 나는 이렇게 대답했다.

"어르신, 어르신에 비하면 저는 아직 젊은 나이고 어르신은 77세신데, 어르신이 하시다가 못 하겠다고 하시면 그걸로 끝이지요. 저는 짧다면 짧고 길다면 긴 18년의 세월 동안 오로지 심장병 어린이만을 위해 달려왔습니다. 그러면서 깨달은 것이 있습니다. 물론 세상에는 악한 사람도 많지만 좋은 사람, 약속을 지키는 사람, 그리고 보람된 일을 믿고 묵묵히 믿음을 실천하는 사람들이 더 많다는 사실입니다. 지금까지 밀알에 할아버지처럼 수십억 원의 거금을 기증한 사람은 없었습니다. 하지만 지금까지 한국, 중국, 인도, 몽골의 수백 명에 이르는 심장병 환자들의 수술이 계속될 수 있었던 것은 이런 마음들이 있었기 때문에 가능했던 것입니다. 저는 어르신을 믿습니다. 여기까지 오신 것만 해도 감사합니다."

어르신은 50억 기부를 약속하고 돌아갔다. 나는 돌아서 사무실을 나서는 그분의 뒷모습을 보면서 행복은 돈에 있는 것이 아니라 서로를 믿는 신뢰에 있다는 것을 알게 되었다. 그래서 나는 오늘도 행복하다. 나는 이 세상에서 가장 부자이고 가장 멋진 삶을 살아가는 사람이기 때문이다.

"주님은 이런 제 맘 아시지요?"

550억짜리 빌딩보다 소중한 마음

사람들은 돈을 벌면 부동산에 투자하고 주식에 투자하며 자식들에게 투자한다. 또 자신의 건강과 노후를 위해 투자하는 사람들도 많다. 하지만 하늘나라에 투자하는 믿음의 사람들도 있다. 오강렬 내과, 한호수 내과, 강기원 치과, 천사약국 전상영 장로 부부는 오로지 선교를 위해 일하는 사람들이다. 또 부산 세계로병원은 한국의 모든 선교사들을 무료로 검진하고 있다. 그래서 이분들이 아름답다. 세상 사람들이 보기에는 이들이 잘못된 투자를 하고 있는 것 같지만, 하늘나라에서는 가장 아름다운 투자를 하는 사람들이다.

익산에서 아는 분들과 식사를 하고 있는데 서울에서 전화가 왔다. 전혀 알지 못하는 사람이었다. 그는 자기 아버지가 서울대학병원에 입원해 계시는데 자신의 재산을 밀알심장재단에 기증하고 싶다고 말했다.

"어떻게 할까요? 비행기를 타고 빨리 가야 하나요?"

그랬더니 그는 기차를 타고와도 된다고 대답했다. 그래서 나는 바로 서울로 올라갔다.

전화를 건 사람을 서울대학교 병원에서 만났다. 그는 병원에 입원해 있는 자신의 부친은 사성 장군 출신으로 자식은 1남 4녀에 자신이 유일한 아들이라고 말했다. 그는 미국에서 회사를 다니고 있고 여동생들도 모두 잘 살고 있어서 아버지의 뜻에 동의했다고 밝혔다. 그는 나와 함께 사진을 촬영하고 나의 법무사 사무실로 서류를 보내주었다.

우리는 함께 저녁 식사를 했다. 그의 아버지는 밀알에 강남에 있는 본인 소유의 빌딩을 기증했다. 그래서 빌딩에 대한 이야기를 물어보았다. 처음에는 자녀들이 그 빌딩을 상속 받으려고 했다. 그런데 상속세가 건물 가격의 50퍼센트나 되었다. 또 아버지의 마지막 부탁이었기에 자녀들이 좋은 일에 동참하기로 결정했다는 것이었다.

세상에는 아직까지 좋은 사람들이 많다. 그 장군의 자식들은 우리에 대해 전혀 알고 있지 못했는데도 선뜻 자신들의 재산을 기증하기로 결심한 것이다.

그렇게 며칠이 지났다. 그에게 다시 전화가 왔다. 사위 중 한 명이 너무 심하게 반대를 한다는 것이었다. 나는 그에게 이렇게 말했다.

"알겠습니다. 아버지와 자녀들의 마음만 받은 것으로 하겠습니다. 하나님은 또 다른 계획이 있으실 겁니다. 기증하겠다고 한 그 마음만으로도 감사를 드립니다."

강남의 550억짜리 빌딩은 결국 오지 못했다. 하지만 밀알은 550억보다 더 큰 사랑의 마음을 받았다. 그것으로 충분했다. 나는 그 가정에 무슨 일이 있었는지 모른다. 그러나 내가 아는 것 한 가지는 바로 주님이 모든 일을 합력하여 선으로 바꾸어 주신다는 것이다. 그래서 내가 감사할 수 있는 것이다. 나는 기도한다.

"하나님, 550억보다 더 큰 빌딩 주실 줄 믿습니다!"

안동 팔순 할머니의 600만 원

"목사님이신가요?"
잘 들리지도 않는 목소리로 전화가 왔다.

"네, 그런데요?"

그러자 아주 작은 목소리로 자신은 안동에 사는데 안동으로 오면 헌금을 하고 싶다는 것이었다. 나는 바로 안동으로 내려갔다.

알려준 주소로 찾아가니 작은 체구의 할머니 한 분이 손을 흔들며 웃음으로 맞이해 주셨다. 할머니는 내 손을 꼭 잡고는 "목사님, 이 먼 곳까지 오라고 해서 미안합니다. 내가 눈이 잘 안 보여서 은행에 가서 이 돈을 부칠 수가 없었습니다. 그래서 바쁘신데 오시라고 했습니다. 죄송합니다"고 말했다.

나는 황급히 손을 내저으며 "아이구, 아닙니다 할머니. 이렇게 도와주시는 것만으로도 얼마나 감사한데요"라고 대답했다.

나는 그 할머니에게 교회를 나가시는지 물어보았다. 그랬더니 교회를 나가시기는 하는데 어느 교회인지는 알려주지를 않는다. 그러면서 "하나님께 갈 날도 멀지 않았지만 목사님의 귀한 사역에 조금이나마 도움이 되었으면 합니다"라고 말했다. 자녀분들도 있지만 모두 출가하고 혼자 생활하고 있었다.

할머니는 건강이 좋지를 않았다. 당뇨를 앓고 있었고, 귀가 잘 들리지 않아 말도 제대로 못했다. 그 돈을 본인의 치료비로 사용할 수도 있었지만, 이미 나이가 많아 회복될 수 없다는 것을 잘 안다고 말했다. 그래서 차라리 심장병 환자들을 위해 의미 있게 사용하고 싶다고 밝혔다.

나는 성경에서 주님이 성전에 헌금하는 모습을 보고 과부의 헌금을 칭찬하신 이유를 알 수 있었다.

나는 할머니가 종이에 싸 주신 돈이 얼마인지는 모르지만 받았을 때 가슴이 찡하는 감동을 느꼈다. 그리고 할머니의 이 헌금으로 한 생명이 살아나기를 간절히 기도했다. 나중에 간사와 함께 사무실에서 종이를 풀러보니 600만 원이 들어 있었다. 참으로 생명과 같은 돈이었다.

나는 그 돈을 앞에 놓고 기도했다.

"하나님, 이 할머니에게 복을 주시고 건강하게 하시고 천국의 아름다운 것으로 보답해 주옵소서."

많이 있어도 더 많이 가지려고 원망하며 불평하는 세상에 오히려 자신의 것을 드려 행복을 찾는 이들에게 하나님의 풍성한 축복이 임하기를 기도한다.

기부 천사 김현태 장로

한 교회에서 집회를 마쳤는데, 그 교회의 장로 한 분이 나를 보자고 한다. 그러더니 본인이 직접 우리 사무실을 한 번 방문해보고 싶다고 말했다. 나는 명함을 건네주면서 "네, 오실 때 미리 전화 주시면 언제든 환영입니다"하고 말했다.

그로부터 3일이 지나 그 장로님으로부터 전화가 왔다. 그러고는 부부가 함께 우리 사무실을 찾아왔다. 사무실을 둘러보고는 심장병 환자 중에 생활이 어려운 아이들을 추천해 달라고 했다. 나는 우리가 수술한 아이들 중에 부모님이 모두 시각 장애로 앞을 볼 수 없는 미정이와 아버지가 파킨슨씨병에 걸려 어려움을 겪고 있는 한 아이를 추천해주었다.

장로님 부부는 미정이의 집을 직접 방문했다. 그러고는 당장 도와주겠다고 약속했다. 장로님은 그 약속 이후 몇 년 동안 한결같이 이들을 후원하고 계신다. 이뿐만이 아니다. 우리가 베트남에서 초청한 학생의 장학금 가운데 일부를 도와 주셨고, 이 학생이 현재 밟고 있는 박사과정까지 돕고 있다. 장로님은 연세가 많아 지금은 교회에서 은퇴하셨지만 나는 그 장로님을 뵐 때 마다 절로 머리가 숙여진다. 백발의 장로님의 심장은 오늘도 나눔의 열정으로 힘차게 뛰고 있다.

결혼 자금을 후원한 부부

밀알을 후원하는 사람들은 다양하다. 어린아이부터 정치인, 변호사, 검사, 교수, 목사님 등 수많은 사람들이 이름도 없이, 빛도 없이 우리를 도와주신다. 매월 꾸준히 후원하시는 분들도 있고, 특별한 제목을 붙여 도와주시는 분들도 있다. 가령, 승진을 했거나 보너스를 타거나 혹은 바자회를 해서 특별 후원금을 내주기도 한다.

그 가운데 가장 특이했던 것은 새내기 부부가 자신들의 결혼 자금을 통째로 보내온 경우였다. 나는 처음에 행여 결혼을 하려고 준비했다가 그만 결혼이 깨져서 할 수 없이 드린 헌금인 줄 알았다. 그런데 그것이 아니었다. 이 자매는 결혼을 위해 적금을 들고 차근차근 결혼 준비를 해왔는데, 남편 집에서 너무 좋은 신부를 맞아 기쁘다며 아무런 예물도 준비해오지 말라고 했다는 깃이었다. 그래서 가족들이 회의를 열어 심장병 환자를 돕기로 하고 그 돈을 우리에게 보내온 것이다.

참으로 아름다운 자매이다. 잠언에 나오는 '현숙한 여인'이 바로 이 자매가 아닐까 싶다. 이런 자매를 데려가는 그 남자는 행운아다. 나는 이 아름다운 가정에 주님의 축복이 차고 흘러넘치기를 기도한다.

"하나님, 이 가정에 심장이 뛰는 일, 좋은 일, 행복한 일이 계속 일어나게 하옵소서."

아이스크림을 팔아 심장을 사는 목사님

전혀 알지도 못하는 어느 교회 목사님으로부터 전화가 걸려왔다.

"조치원 영락교회 신동설 목사입니다. 목사님, 괜찮으시면 조치원으로 한번 와주세요. 그럼 300만 원을 헌금하겠습니다."

나는 난데없는 그 목사님의 전화를 받고 주일은 집회가 있어 못가니 수요일에 가면 어떻겠느냐고 물었다. 그랬더니 그 목사님은 흔쾌히 그러자고 했다. 그래서 그 다음 수요일 대전을 거쳐 조치원으로 갔다. 조치원은 내가 태어나서 처음으로 들른 것이다.

조치원역에 도착하니 전화를 건 목사님이 마중을 나왔다. 그런데, 첫인상이 대단했다. 덩치는 거의 내 두 배에 어떻게 보면 장군, 좀 잘못 보면 조폭 같았다. 그런데 함께 식사를 하면서 이야기를 나눠보니 더없이 멋진 목사님이었다.

이 목사님은 그동안 아이스크림을 팔아 한국심장재단을 도왔다고 한다. 그러다가 방향을 밀알 쪽으로 바꾸고 싶다는 것이었다. 수요일 저녁 예배 시간에 그 교회에서 설교를 하면서 목사님과 성도님들에게 감사를 드렸다. 보지도 않고, 만나지도 않고, 밀알을 돕겠다고 마음을 먹었다니 가슴이 벅차 할 말이 없었다. 그런 것이 참 믿음이다.

그 이후 조치원 영락교회와 우리는 하나가 되어 조치원의 심장병 환자를 수술하기 시작했고, 이를 후원하기 위한 교회의 아이스크림 행사도 계속 되었다. 한번 상상해보라. 6월 중순부터 한 달 동안 목사가 아이스크림 통을 들고 군청으로, 시장으로 돌아다니며 아이스크림을 파는 모습을! 목사님뿐만이 아니다. 영락교회 전 성도들이 아이스크림 통을 들고 땀범벅이 된 채 조치원 시내를 돌아다니는 모습을!

목사님은 아이스크림을 팔다가 무리해서 허리에 디스크가 왔는데도 계속해서 아이스크림을 팔았다. 또 교회 교육관 공사 등으로 지쳐 심장이 좋지 않은 상태임에도 불구하고 죽어가는 심장을 살리기 위해 최선을 다했다.

비단 목사님뿐만이 아니었다. 초등학생이 아이스크림 통을 들고 나가서 아이스크림을 판다. 장로님, 권사님도 예외는 아니다, 비가 와도, 더워도 아이스크림 판매는 계속된다. 자신들의 자가용으로 마을뿐만 아니라 다른 지역까지 아이스크림을 배달한다. 내가 집사님들에게 "기름 값도 안 나오겠습니다"하니 그래도 즐겁다고 한다.

누가 이들을 미치게 하였는가? 누가 이들의 심장을 뛰게 하였는가? 나는 그것이 주님의 사랑이라고 생각한다. 나는 그 목사님과 성도들에게서 목사님의 덩치보다 더 큰 하나님의 사랑을 본다. 오늘도 땀범벅이 되고, 다리를 움직이지 못해도, 죽어가는 심장병 환자들을 위해 애쓰시는 목사님은 2,000년 전 이 땅의 천하고 낮은 마구간으로 오신 작은 예수님이다.

심장병 환자들의 '천사 목사님'

우리나라에는 천사들보다 더 아름다운 일을 하는 훌륭한 목사님들이 있다. 그 가운데 한 분으로 충북 청주 강서교회 정헌교 목사님을 들고 싶다. 하나님은 정 목사님을 통해 나에게 에벤에셀의 하나님을 체험하게 하셨다.

제주도 집회를 마치고 사무실로 왔는데, 다음날 제주도 목사님으로부터 전화가 왔다. 행사를 한 후에 교회를 다니지 않는 한 가정이 심장병 환자를 데리고 교회로 찾아왔다는 것이다. 그런데 이때는 우리가 미얀마, 라오스, 캄보디아 아이들 30여 명을 한국으로 초청하여 수술하는 상황이라 매우 힘든 시기였다. 모두 외상으로 수술을 하다 보니 수술비가 얼마나 나올지, 또 수술은 어떻게 될지 아무도 장담하지 못하는 때였다.

그런데 기도 중에 하나님은 제주도 가정의 아이도 수술을 시키라고 하셨다. 그래서 전화를 걸어 그 아이를 서울로 데려오라고 말했다. 그리고 병원에 입원을 시킨 다음 기도했다.

"하나님, 아무것도 없이 시작한 밀알을 지금까지 축복하신 주님, 지금도, 그리고 앞으로도 더 좋은 것으로 주실 줄 믿습니다."

그렇게 기도하면서 열심히 사역을 하고 있는데 전혀 모르는 교회에서 전화가 왔다. 강서교회(정헌교 목사)에서 천사 운동을 해 1,000만 원을 모았는데, 심장병 환자 한 명을 추천해 달라는 것이었다.

"할렐루야!"

나는 나도 모르게 할렐루야를 외쳤다. 그리고 그 목사님에게 이렇게 말했다.

"목사님, 지금 충청도의 심장병 환자는 없습니다. 그런데 어제 제주도의 한 아이가 입원하여 수술을 기다리고 있습니다. 이 가정을 지원해주시면 믿지 않는 가정에 복음의 증거가 될 것입니다."

그러자 목사님은 장로님들과 당회를 한 다음에 연락을 주겠다고 말했다. 나는 주님이 그 당회에서 역사하시기를 기도했다. 그리고 당회에서 제주도 아이를 지원하기로 결정했다는 소식을 들었다.

할렐루야!

하나님은 제주도 심장병 환자의 수술비를 위해 멀리 충청도에서 준비하고 계셨다. 나는 그런 과정을 지켜보며 만약에 내가 수술비가 너무 많이 밀려 있어서 '제주도 아이의 수술은 나중에 해주겠다고 말했으면 어떻게 되었을까?' 하고 생각해보았다. 제주도 교회 목사님은 어렵게 되었을 것이고 강서교회는 우리와 연결이 되지 못했을 것이다.

하나님은 언제나 우리보다 먼저 일하고 계시며 우리의 필요를 가장 잘 아시는 분이다. 나는 그런 에벤에셀의 하나님을 찬양한다. 그 일이 있은 다음 신탄제일교회(안영대 목사)에서도 천사 운동을 벌여 우리가 가장 필요로 할 때 수술비를 지원해 주었다. 나는 생각해 본다. 죽어가는 심장병 환자들의 천사는 오늘도 쉼 없이 도울 것을 찾고 있음을!

여행 경비로 새 생명을 전하는 학생여행사

여행사를 운영하는 사장님으로부터 전화가 왔다. 우리 사무실을 한 번 방문하겠다는 것이었다. 그래서 좋다고 했다. 얼마 후, 여행사의 사장님과 직원들이 우리 사무실을 찾아 왔다. 이들은 여러 가지 이야기를 듣고 난 후 후원하기로 결정했다.

이 회사는 학생들의 배낭여행을 전문으로 하는 회사인데, 한 명을 보낼 때마다 남는 이익금에서 1,000원씩을 떼고 또 연말에 임직원들이 돈을 내서 후원하겠다는 계획이었다.

학생여행사는 올해도 200만 원의 돈을 들고 왔다. 신종플루로 여행사가 쓰러지고 직원들을 감축하는 어려운 상황 속에서도 최선을 다해 모은 물질을 가지고 온 것이다. 우리 역시 후원이 많이 들어오지 않아 힘든 시기였는데, 200만 원은 큰 힘이 되었다.

하나님은 참으로 놀라우신 분이다. 한 번도 우리의 계획을 벗어나지 않게 하셨다. 그때 우리는 수술비 가운데 200만 원이 모자랐다. 그런데 그 정확한 금액을 이들이 가지고 온 것이다. 그 200만 원을 모으기 위해 이들의 눈물과 땀과 헌신이 있었다. 하나님은 이들의 땀과 헌신으로 아이들의 심장을 뛰게 하고 우리의 심장을 뛰게 했다.

나는 사장님에게 "다른 여행사들이 문을 닫는 힘든 상황 속에서도 이렇게 도와주시니 감사합니다"라고 인사했다. 그러자 그 사장님은 이렇게 대답했다.

"목사님, 우리도 힘들고 어렵지만 심장병 환자와 부모들은 더 힘들고 어렵지 않겠습니까? 건강한 우리도 힘이 벅찬데 병으로 어려운 가정은 얼마나 힘들겠습니까? 우리의 작은 정성이 저들에게 희망이 되기를 소망합니다."

나는 이분의 말에 진심으로 감사를 드렸다. 그냥 물질만 돕는 것이 아니라 마음과 정성을 다하여 돕고 있음을 깨달았다. 어떤 일이든 진심을 담으면 그것이 아무리 힘들고 어려워도 극복할 수 있다. 남을 돕는 것은 내 물질이 남거나 시간이 많아서 하는 것이 아니다. 진심이 담길 때 비로소 남을 돕는 것이 가능해진다.

생명을 살리는 음향회사 소비코

음향 전문회사 중에 소비코라는 회사가 있다. 나는 이 회사의 회장님을 만날 기회가 있었다. 사랑의 음악회를 위해 필요한 음향 기기들을 기증받기 위해서였다. 아는 분이 소비코와 우리 사이에 다리 역할을 해주었다.

그렇게 소비코 회장님을 만났는데, 그 만남을 통해 나는 많은 것을 느꼈다. 그는 물건을 파는 장사꾼이 아니라 한국 교회와 힘든 사람들을 돕는 믿음의 사람이었다. 회장님은 바로 그 자리에서 음향 기기를 기증해주셨다. 믿음이 없으면 할 수 없는 일이었다.

이것이 계기가 되어 나는 행사를 할 때마다 소비코를 자랑한다. 누가 뭐라고 하더라도 나는 소비코가 최고 마인드와 최고의 기술로 한국 교회에 봉사할 것이라고 믿는다.

소비코는 이후 직원들이 월급의 일부를 후원금으로 적립해 심장병 환자들을 돕고 있다. 한 해도 쉬지 않고 꾸준히 생명을 살리는 일을 하고 있다. 그 후원금으로 중국과 캄보디아의 심장병 환자를 수술했다. 나는 이 회사가 천상의 음향을 팔아 생명을 살리는 기업이라 생각한다. 쉼 없이 심장병 환자를 돕는 회장님과 직원들에게 감사를 드린다.

교회 문을 열고 후원해주시는 목사님들

사람들은 학연, 지연을 따지며 낯선 사람에게는 쉽게 마음의 문을 열지 않는다. 그런데 많은 교회의 목사님들은 아무런 지연도, 연고도 없는 밀알심장재단 사랑의 음악회에 흔쾌히 문을 열어 준다. 그동안 서울에서부터 제주도까지 해마다 좋은 목사님과 장로님, 성도님들을 만날 수 있었음에 감사드린다.

이 가운데는 10년, 아니 20년을 함께 한 교회도 있다. 다른 사역들도 많지만 이 일만은 우리 교회가 해야 한다면서 늘 밀알과 동행해주신다. 주는 교회, 나누는 교회가 복이 되고 부흥한다는 것은 알지만 이를 실제로 실천한다는 것은 그리 쉬운 일이 아니다. 너무도 많은 단체들이 교회를 향해 손을 벌리기 때문이다.

그럼에도 불구하고 20년 이상을 한결 같이 우리를 맞이해 주시는 믿음의 선배 목사님들에게 진심으로 감사를 드린다. 이런 분들이 계시기 때문에 밀알의 25년 사역이 가능할 수 있었고, 2,300여명의 심장병 환자가 살아나는 기적이 일어날 수 있었다. 오늘도 사랑과 열정으로 심장이 뛰는 목사님들, 장로님들, 성도님들에게 감사드린다.

돌잔치 대신 심장을 산 아이들

세상이 갈수록 개인주의적으로 변한다. 어른도 아이도 이 흐름을 비켜가기 힘들다. 그러나 사회는 공동체를 이루며 살게 되어 있다. 공동체는 나쁜 사람들이 많으면 살기 힘든 사회가 되고 착한 사람들이 많으면 행복한 사회가 된다.

사람들은 갈수록 자식이라면 끔찍하게 여긴다. 자식을 위해서라면 물불을 가리지 않는다. 그런데 한 가지 생각해 볼 점이 있다. 가령 내 아이가 그렇게 소중하다면 다른 아이도 소중한 것이다. 내 아이의 행복을 바란다면, 먼저 다른 아이가 행복해야 한다. 그래야 함께 사는 우리 아이도 행복해질 수 있다. 다른 아이들이 너무 가난하고 힘들면 그 아이가 우리 아이들의 앞길을 막을 수도 있기 때문이다.

나는 이 사역을 하면서 남을 배려하고 다른 사람의 행복을 먼저 생각하는 사람들을 만나게 되었다. 이 가운데는 돌잔치에서 받은 반지를 모두 팔아 밀알에 보내준 분이 있다. 이뿐만이 아니다. 아이가 돌이 되었는데 잔치를 여는 대신 그 돈으로 심장병 아이를 살린 멋진 가정도 있다. 이런 분들은 자신의 아이도 중요하지만, 이 세상의 모든 아이들이 건강해야 자신의 아이도 건강하게 자란다는 것을 아는 멋진 분들이다.

이런 분들을 위해 나는 기도한다.

"주님, 두 손 들고 축복합니다. 저들의 자녀, 저들의 부모가 평생 병원 가는 일 없게 하시고, 급한 일 만나지 않게 하시며, 힘들 때 협력자를 붙여주시고, 주님의 강한 손이 저들의 자녀와 일터에 항상 함께 하기를 축복합니다."

자신의 아파트를 기증한 사람

2009년 5월, 나는 한 통의 아름다운 전화를 받았다. 경기도 김포에 사는 분이었는데, 자신의 아파트를 밀알에 기증하고 싶다는 것이었다. 그분은 전화에서 "목사님, 제가 비록 가진 것은 없지만 자식에게 재산을 물려주는 것보다는 세상에서 가장 소중한 사랑을 가르쳐 주고 싶습니다"라고 말했다.

전화 통화를 하고 많은 생각이 들었다. 그분은 하나님이 주신 것을 하나님께 다시 돌려드리고 싶다고 말했다. 남편과는 이미 상의가 끝났고 자녀들과 상의를 한 후에 전화를 주겠다고 말했다. 나는 이분의 전화를 받고 많은 위로를 받았다. 나로서는 그런 결심만으로도 감사할 뿐이다. 그 결정이 언제 날지, 혹은 상황이 달라져 기증을 하지 못한다 하더라도 나는 감사할 뿐이다.

한 칸 자신의 집을 마련하기 위해 사람들은 이리 뛰고 저리 뛰며 바쁘게 산다. 집 한 칸을 마련하기 위해 먹지도 못하고, 자지도 못하는 사람들도 많다. 그분 역시 쉽게 자신의 집을 마련하지는 않았을 것이다. 그 집을 마련하기까지 얼마나 먹고 싶은 것 먹지 못하고, 하고 싶은 것 하지 못하며 돈을 모았겠는가? 그렇게 힘들게 마련한 집인데 기부를 하기로 한 것이다.

나는 이런 땀과 눈물과 노력을 알기에 그저 감사할 수 있다. 설혹 약속을 지키지 않는다 하더라도 감사한다. 한 번도 본적 없고 만난 적 없는 사람에게 자신의 전 재산을 주겠다는 생각 그 자체만으로도 나로서는 가슴 벅찬 일이고, 내가 하고 있는 사역이 얼마나 소중한 일인지를 깨닫게 해주기 때문이다.

사역을 하다보면 사람들로부터 무시를 당할 때가 많다. 어떤 사람들은 우리를 아예 돈을 구걸하러 오는 거지 취급을 한다. 그런 사람들도 있는데 우리를 믿어주고, 우리의 일에 감동을 받고, 소중한 자신의 주머니를 털어 후원하고, 더 나아가 전 재산을 기부하겠다는 믿음과 사랑을 보여주는 분들이 있기에 오늘도 나의 심장은 열정으로 힘차게 뛴다.

100만 원을 심장병 환자 수술비로 드린 목사님

오늘은 전주로 행사를 간다. 너무 피곤해서 입이 부르트고 늘 잠이 부족하다. 차를 타자마자 곧바로 잠에 빠져든다. 늘 차에서 잠을 자다 보니 목이 좋지 않다. 그럴 때면 좀 쉴까, 직원들만 내려보낼까 하는 생각이 머리를 스친다. 하지만 그런 생각이 들 때마다 나는 마음을 다잡는다.

'처음 마음으로 하자!'

처음에는 오라는 곳 하나도 없고, 불러주는 곳 하나 없었다. 그때는 불러주는 곳만 있다면 세상 끝까지라도 달려갈 준비가 되어 있었다. 그런데 지금은 이렇게 와달라는 곳이 있으니 얼마나 행복한가. 그런데도 피곤하다고 가지 않는다면 주님이 더 이상 길 곳을 허락하지 않으실 것이다. 그래서 죽으면 죽으리라는 심정으로 3시간을 달려간다.

도착해보니 교회와 노인요양병원이 함께 있었다. 병원이 교회보다 더 크고 좋았다. 교회는 병원 뒤쪽에 가려져 있다. 시골이라 그런지 노인요양시설과 교회를 함께 운영한다. 주변에 마을이 없으니 성도도 없을 것 같았다.

저녁 식사는 노인요양시설에서 했다. 봉사하는 분들이 너무 친절했고 시설도 밖에서 볼 때보다 더 좋았다. 웃음으로 봉사하고 믿음으로 돌보는 봉사자들이 있으니 시설에 들어와 있는 어르신들의 얼굴에 웃음꽃이 가득했다.

저녁 식사를 마치고는 집회를 준비했다. 시골의 논 한가운데 있는 교회라 교인들이 별로 없을 것이라고 생각했다. 그런데 내 생각이 틀렸다. 집회에는 많은 성도들이 참석했다. 은혜를 사모하는 성도들의 마음도 커서 다른 어떤 큰 교회보다도 성령이 충만했다.

집회를 마치고 목사님과 다과를 하는데 목사님이 봉투를 내밀었다.

"목사님, 일주일 전 새벽 기도 후에 우리 교회 성도님이 100만 원을 주시며 꼭 필요한 곳이 생길 터이니 가지고 계시다가 사용하라며 주셨습니다. 그때는 그 의미를 잘 몰랐는데, 아마도 이 돈의 주인은 심장병 아이들인 것 같습니다."

목사님은 그렇게 말하면서 100만 원을 주셨다. 나는 여기에 하나님의 계획하심과 인도하심이 있음을 깨달았다. 하나님의 역사는 늘 사람의 생각을 뛰어넘는다. 그래서 나는 오늘도 하나님의 음성에 귀를 기울이며 그분의 도움을 기대한다.

자신의 수술비를 바친 사람

2005년 10월, 정신없이 달려온 나의 지난 시간들을 뒤돌아보았다. 어떻게 하루가 갔는지, 어떻게 한 달이 갔는지, 나는 그렇게 정신없이 살아왔다. 수첩을 넘겨보다 깜짝 놀랐다. 10월 한 달 동안 서울,경기, 인천, 대전, 충청, 대구, 부산, 경남, 제주, 미국으로 20회가 넘는 집회를 인도했다. 비행기로, 기차로, 봉고로, 그 거리만 해도 대한민국 전체를 다 일주하고도 남을 거리였다.

그런 무리한 일정 속에서도 나의 건강을 지켜주신 하나님, 그리고 그 뒤에는 나의 건강을 위해 늘 염려해주신 많은 분들의 기도가 있었다. 이 모든 것이 다 하나님의 은혜. 그래서 나는 '순례자의 노래'를 생각한다. '오늘은 이곳, 내일은 저곳, 주 복음 전하리.'

많은 환자들이 수술을 받았고, 또 많은 환자들이 수술 요청 접수를 했다. 스리랑카에서 무료 진료를 했던 전주 예수병원 팀이 발견한 스리랑카의 심장병 환자도 수술했다. 이렇게 우리의 영역을 확장시켜주시는 하나님, 우리는 오로지 순종함으로 나아간다. 하나님이 우리의 도움이 되시며 후원자들의 기도와 후원을 믿기 때문이다.

최근에도 가슴 뭉클해지는 후원을 받았다. 불치병에 걸려 자신도 하루하루를 힘겹게 살고 있는 한 집사님이 심장병 환자를 위해 써달라며 150만 원을 보내왔다. 그 자신의 삶이 말할 수 없이 힘든 과정 속에 놓여 있는데도 그분은 자신보다 더 어려운 환자를 위해 써달라며 후원금을 보내왔다. 자신의 두렙 돈을 드린 과부가 멀리 있는 것이 아니었다. 바로 그 집사님이 그 과부였다. 그 돈을 받는데 절로 눈물이 흘러 내렸다.

비단 그 집사님만이 아님을 나는 알고 있다. 작은 물질 하나하나에 배어 있는 후원자들의 땀과 노력, 그리고 성실한 삶을 나는 느낄 수 있다. 장애아를 둔 어느 부모의 따뜻한 헌금, 맞벌이 부부의 정성스런 헌금, 홀로 계신 할머니의 소중한 헌금, 그 의미를 나는 알고 있다. 그들의 정성과 후원이 힘이 되어 밀알은 오늘도 뛰고 또 뛴다. 작지만 소리 없이 묵묵히 도와주고 후원해주는 후원자들은 우리 밀알의 든든한 버팀목이자 간절한 희망이다.

매년 새 생명을 헌금하는 성림침례교회

광주에 있는 한 교회에서 집회를 하게 되었다. 먼저 담임목사님을 만났다. 김종이 목사님인데, 이분의 이력이 흥미롭다. 신학을 먼저 한 것이 아니고 치과의사를 하다가 아버지의 권유로 뒤늦게 목회를 시작했다. 그런데도 교회를 아주 크고 은혜롭게 만들어 놓았다.

집회를 위해 광주로 내려갔는데 목사님이 직접 운전을 해서 마중을 나왔다. 사람의 인격은 말에서 나오는 것이 아니다. 바로 행동에서 나온다. 나는 수십 년 동안 사역을 하면서 수많은 목사, 장로, 국회의원, 사업가들을 만났다. 그런데 하나님이 주신 나의 특별한 은사는 상대방을 빠른 시간 내에 파악할 수 있다는 점이다. 나는 어떤 사람이든 만나면 10분 내로 그 사람의 행동과 말을 통해 그 사람의 인격을 파악할 수 있다.

내가 만난 사람들 가운데는 부목사이면서도 담임목사보다 더 권위적이고 말을 함부로 하는 사람도 있었고, 대형 교회를 담임하면서도 늘 겸손하고 상대방을 존중하는 목사님도 있었다. 사업가들도 마찬가지이다. 돈이 없으면서 있는 체 하는 사람도 있고, 돈이 많으면서도 근검절약하며 알뜰하게 살아 가는 분들도 있었다. 나는 그동안 좋은 목사님들을 많이 만났다. 그런데 이 목사님도 그런 분들 가운데 한 분이었다.

저녁 식사 후에 예배당으로 갔다. 수많은 사람들이 교회를 채웠다. 수요일인데도 그랬다. 성도들의 기도하는 모습이 너무나 간절하고 은혜로웠다. 마치 초대 교회를 보는 것 같았다. 아예 머리를 땅에 박고 기도하는 사람도 있었다.

그 교회는 그렇게 행사를 해서 매년 1,000만 원을 모았다. 그리고 그 돈을 '새 생명 헌금'으로 밀알로 보내주셨다. 결코 쉽지 않은 일이었는데, 늘 이 일을 쉬지 않고 꾸준히 해주었다. 나는 목사님의 그런 순수한 마음에 늘 감사를 드린다. 중국을 비롯해 세계 선교에 많은 부분을 감당하고, 또 교회적으로도 하는 사역이 많았지만, 그 목사님은 '새 생명 헌금'만은 빼먹지 않았다. 그런 멋진 목사님들이 있기에 나는 오늘도 심장을 살리는 내 사역에 가슴 벅찬 보람을 느낀다.

금식으로 생명을 살리는 금광교회

많은 교회들이 우리 사역을 돕고 있다. 또 많은 단체들이 심장병 환자들을 살리기 위해 노력하고 있다. 심장병 환자들을 돕는 교회 가운데

경기도 성남에 있는 금광교회(김영삼 목사)를 소개하고 싶다. 이 교회는 매년 고난주간에 전 성도들이 금식을 하고 헌금을 한다. 고난주간 내내 심장병 환자들을 위해 기도하고 자신들의 식사비를 심장병 환자를 위한 헌금으로 드리는 시간을 갖는다. 여기에 동참하는 성도는 유치원생에서부터 어른까지 전 성도가 참여한다.

이 교회의 담임목사님은 "주님의 고난에 동참하며 고난 후에 부활의 소망을 심장병 환자들과 함께하고 싶다"는 소망을 갖고 있다. 그런 담임목사님의 소망을 전 성도들이 공유하고 있는 것이다.

이 교회뿐만이 아니다. 금광교회의 시도를 보고 이런 뜻 깊은 일에 동참하기를 원하는 교회들이 늘고 있다. 나는 처음으로 이 일을 시작한 금광교회와 지금도 꾸준히 심장병 환자 돕기에 동참하는 많은 교회들에게 감사를 드린다. 이들의 기도처럼, 밀알심장재단을 만나면서 죽어가던 심장이 새 심장으로 바꾸어지는 축복이 지금도 계속되고 있다. 참다운 금식이란 이런 것이라고 나는 생각한다.

하루하루를 처음처럼

"나의 나된 것은 주의 은혜라!"

이 같은 바울의 고백처럼 밀알의 모든 사역은 주의 은혜다. 밀알의 사역 가운데 주의 은혜로 이루어지지 않은 것은 하나도 없다.

한 해, 한 해를 보내다보면 여러 가지 생각들을 하지 않을 수 없다. 행사는 어떻게 해야 하는지? 돈 문제는 또 어떻게 처리해야 하는지? 고민을 안 할래야 안 할 수가 없다. 행사를 하면 행사를 놓고 이러쿵저러쿵 뒤에서 이야기하는 사람들이 있고, 행사를 안 하면 또 안 하는 대로 "이 단체는 일을 하는지 안 하는지 모르겠다"며 말이 많다. 그래서 연말이면 고민만 하다가 많은 분들에게 감사의 인사도 제대로 못한 채 넘어가게 된다.

그러나 많은 분들은 우리의 이런 사정을 아시는지 항상 격려하고 기도해 주신다. 그 분들의 격려와 기도로 우리는 마음을 다잡는다. 그러고는 "오늘이 처음"이라는 마음가짐으로 하루하루를 시작한다. 가진 것 아무것도 없고, 도움의 손길을 찾아 밤낮 없이 뛰어 다녀야 하지만, 오로지 심장병 환자를 살려야 한다는 각오 하나로 모든 것을 주님께 드린 채 늘 처음의 마음으로 달려가고자 한다.

수술비 문제로 이리저리 바쁘게 뛰어 다니고 있는데, 불교 신도가 후원금을 가지고 우리 사무실을 찾아왔다. 그분의 딸은 교회를 다니고 있는데 우리 밀알을 후원하고 있어서 우리에 대해 알아 볼 겸, 자신도 후원할 겸, 겸사겸사 찾아왔다는 것이었다.

그런데 그분이 우리 사무실을 보고 처음 한 말이 "아니, 이런 곳에서 심장병 환자를 돕습니까? 저는 아주 큰 사무실인 줄 알고 찾아왔는데…"였다.

나는 그분에게 "우리는 지금까지 많은 심장병 환자를 수술했지만 우리가 돈이 있어 수술 한 적은 한 번도 없습니다. 많은 분들의 소중한 5,000원, 1만원이 모여 이런 큰 기적을 낳았습니다. 만약 우리가 큰 사무실을 운영하고 있었더라면 심장병 환자에게 가는 돈은 작아졌을 겁니다. 큰 사무실을 운영하려면 관리비 또한 만만치 않아 가정집으로 들어오게 된 것입니다"라고 말했다.

그랬더니 그분은 "그렇군요. 고맙습니다. 저는 교회는 안가지만 밀알이 정말 믿을 수 있고 어려운 사람을 생각하는 단체라는 것을 알았습니다" 하면서 후원금도 내고 정기 후원자로 가입도 했다.

나는 그분이 돌아가고 나서 곰곰이 생각해 보았다. 비록 우리의 사무실이 초라하고 우리의 모습이 작다 할지라도 우리의 사역에서 그리스도의 향기가 나고 내가 맡은 일에 최선을 다하면 하나님이 갚아 주실 것이라고 생각했다. 하나님은 사람의 외모를 취하지 않으시고, 신실한 사람들 역시 다른 사람의 외모만 보는 것이 아니라 진심을 본다는 것을 알게 되었다.

우리를 후원하는 김진석 집사님이 어느 날 나를 자신의 사무실로 초청했다. 사업을 통해 얻은 수익금으로 심장병 환자를 돕고 싶다는 것이었다. 어떤 사람들은 쉽게 약속하지만 오래 가지 못하는 경우가 많고, 약속만 하고 지키지 않는 경우도 부지기수다. 처음에는 의지를 가지고 약속을 하지만 중간에 사업이 잘 안 되거나 가정에 문제가 생겨 약속을 지키지 못하는 것이다. 하지만 김 집사님은 한결 같이 밀알을 후원해주셨다.

김 집사님과 같은 사람들이 밀알에는 많다. 주유소를 경영하는 정영길 장로님은 매달 100만 원을 후원해 주시면서 언제나 밝은 모습으로 우리 밀알의 직원들을 사랑해주셨다. 사업체를 운영하는 어떤 분은 자신의 회사에서 얻은 수익금으로 심장병 환자와 결연하여 매년 심장병 아이들을 수술시켜 주고 있다. 자신의 사업이 아무리 힘들어도 이 일만큼은 쉬지 않으시는 그 모습이 우리에게는 감동이 되고 힘이 된다.

82살의 할머니 권사님이 평생 적금으로 모은 돈을 찾아 집으로 가져왔다. 그런데 집안에 돈을 두고 있으니 불안해지기 시작했다. 밖에 나가도 집에 걱정되어 마음이 편하지를 않았다. 그래서 이 돈으로 좋은 일을 하면 좋겠다고 생각하던 중에 '사랑의 리퀘스트'라는 프로그램을 보고는 방송국에 전달하려고 했다.

그때 마침 그분의 사위와 큰딸이 밀알심장재단을 소개하였고, 그분은 평생 모은 500만원을 우리에게 전달하고 싶다고 알려왔다. 나는 너무도 소중한 돈이기에 그분을 직접 뵙고 감사를 드렸다. 그런데 그 할머니는 나보다 더 맑은 웃음을 띠며 너무너무 감사하다고 말했다. 자신의 돈을 주면서 오히려 본인이 더 감사하다고 말하는 이유를 세상 사람들은 알 수 없을 것이다.

하나님의 기적은 이렇게 매일매일, 순간순간 일어나고 있다.

필리핀 가정방문

① 몽골 밀알 심장병 환자 100명 수술 축하모임
② 베트남 심장병 환자 100명 수술 축하 체육대회
③ 러시아 심장병 환자 무료 진료

④
⑤

필리핀 밀알 심장병 환자 모임
인도 밀알 심장재단 심장병 캠프

PART3

전 세계를
가슴에 품고

밀알의 세계 선교는 구정 때부터 시작된다. 밀알은 1년에 8~10회의 해외 사역을 진행하는데, 그때마다 초대 교회의 기적이 일어난다. 각 해외 사역 때마다 적게는 30명에서 많게는 100명의 자원봉사자들이 참여한다. 해외 사역 현장은 30년을 당뇨로 휠체어에 의지해 살던 사람이 기도로 일어서고, 공황장애로 비행기를 타지 못하던 사람이 장애를 극복하고, 자녀가 없어서 고통을 겪던 여인의 태가 열리고, 직업을 구하지 못해 어려움을 겪던 사람들이 문제를 해결 받고, 병든 자들이 낫고, 교회를 떠났던 자들이 다시 돌아오는 천국 잔치의 현장이다. 그 많은 기적의 현장을 다 기록할 수가 없어 대표적인 몇몇 나라의 이야기만 여기서 정리해보고자 한다.

중국 심장병 환자 체육대회

중국 대륙의 심장을 뛰게 하라

나는 초등학교 5학년 성경학교 때 중국의 문이 열릴 것이라고 생각했다. 당시는 우리나라와 중국이 서로 수교를 맺지 않아 아무도 중국으로 들어갈 수 없었지만, 나는 반드시 중국을 통한 북한 복음화와 전 세계 복음화가 이루어질 것이라고 생각했다.

그런데 밀알심장재단 사역을 하면서 이런 어린 시절의 꿈을 까맣게 잊어버리고 말았다. 너무 바쁜 탓이었을 것이다. 하지만 나의 마음 한 구석에는 늘 중국으로 가야한다는 생각만은 갖고 있었다.

아직 중국과의 문호가 개방되기 전 어느 날, 내가 아는 한 사람이 중국 연변에 해양대학을 세우는데 학생들의 체육복이 필요하다고 요청해왔다. 그래서 학교의 개교식에 맞추어 학생들의 체육복을 기증해 주었다. 그 이후 문호가 개방되고 중국에 거주하는 한국 사람이 조선족 심장병 환자와 관련된 사연을 적어 한국의 극동방송으로 보내왔다. 편지를 받은 극동방송은 내게 전화를 걸어왔다. 중국에서 편지가 왔는데, 그 편지를 우리 사무실로 보내겠다고 했다. 그렇게 해서 나는 그 편지를 받아보게 되었다.

당시 중국의 조선족들은 우리나라에 오는 것이 소원이었다. 우리나라에만 오면 모든 행복이 보장될 것으로 생각했다. 한국에서의 꿈을 좇아 많은 사람들이 국내로 들어왔고, 그 가운데 일부 성공을 거둔 사람도 있었다.

하지만 내가 중국에서 만난 조선족 동포들은 한국 사람을 증오하는 사람들이 많았다. 꿈을 안고 한국에 왔지만 직장에서 월급도 제대로 받지 못하고 오히려 작업을 하다 손발이 절단되거나, 이리저리 술집으로 팔려 다니다가 몸만 만신창이가 된 사람들이었다.

극동방송으로 사연을 보내온 사람도 비슷한 이야기를 적어 보냈다. 한 조선족 부모가 자신의 심장병 아이를 치료하기 위해 한국으로 들어올 생각을 했다. 한국에서 일을 해서 수술비를 마련하겠다는 계획이었다. 그래서 집을 팔고 돈을 빌려 한국인 브로커에게 주었는데 그 브로커가 돈만 가지고 도망가 버린 것이다. 그래서 이 사람은 한국 사람만 보면 죽이고 싶어 한다는 이야기를 중국에 있는 한국 사람이 사연으로 적어서 극동방송으로 보내왔던 것이다.

나는 가슴이 찡했다. 그동안 나는 중국을 잊어버리고 있었고 가야 할 이유도 없었다. 하지만 그 편지에 적힌 사연은 내가 중국에 가야할 이유를 제시해주고 있었다. 그래서 나는 편지에 적힌 주소로 바로 연락을 하고 중국으로 들어갔다. 그리고 사연의 주인공인 아이의 부모와 아이를 만났다. 그렇게 해서 중국의 심장병 환자 수술 사역이 시작되었다.

드디어 아이의 수술 날, 아이의 아버지는 하염없는 눈물을 흘렸다. 얼마나 많이 우는지 옆에서 보는 사람이 더 안타까울 지경이었다. 그동안 자식의 고통을 보면서도 수술을 해줄 수 없었던 아버지의 하염없는 눈물이었다. 그동안 누구에게 말도 못하고 혼자서 얼마나 속이 타고 애가 탔으면 저럴까 싶어서 나도 눈물이 날 지경이었다.

나는 부부의 손을 잡아주며 "한국에 나쁜 사람도 많지만 좋은 사람이 더 많습니다. 두 분의 자녀가 수술을 잘 받도록 오늘도 눈물로 기도하는 믿음의 사람들이 있습니다. 그러니 부디 힘을 내시고 승리하세요"라고 말했다. 그러자 아이의 아버지는 "감사합니다"라며 계속해서 인사를 했다.

중국 땅이 드디어 회복의 기적을 경험했다. 저들의 죽어가는 심장, 원망과 불평의 심장, 공산주의로 물든 심장에 예수 그리스도의 심장이 뛰는 기적의 문이 열린 것에 나는 감사를 드렸다. 물로 포도주를 만드는 기적을 보여주셨던 주님은 오늘 사람을 변화시켜 위대한 일꾼으로 만드는 기적을 중국 땅에서 보여주셨다. 나는 나의 심장이 오늘도 중국에서 쉼 없이 뛰고 있음에 감사를 드렸다.

1999년, 중국의 작은 심장들

매년 중국을 방문할 때마다 설레임과 기대, 불안과 희비가 교차한다. 중국에서 행사를 진행해야 하는 우리는 늘 안전에 대한 걱정을 접어둘 수가 없다. 공안에 체포될 수도 있고, 건강에 문제가 발생할 수도 있고, 사고가 발생할 수도 있다. 어느 것 하나 걱정 되지 않는 것이 없다. 그래서 중국에서는 더 많이 기도하고, 더 많이 주님을 의지하게 된다.

중국은 산아제한 때문에 한 가정에서 한 명의 자녀밖에 낳을 수 없다. 그래서 그런지 아이에 대한 사랑과 정성이 남다른 편이다. 중국까지 가는 길도 힘들지만, 그곳에 가면 심장병 아이를 살려 달라며 18~20시간 기차를 타고 와서 또 다시 4~5시간을 병원에서 기다리며 애원하는 심장병 아이들의 가정을 많이 만나게 된다. 태어나서 20여년을 병원은 물론이거니와 약 한 번 제대로 먹지 못하고, 이제는 걷기는커녕 숨쉬기조차 힘에 벅찬 아주머니가 그저 아이만이라도 살려 달라고 눈물을 흘리며 애원한다.

지금은 그렇지 않지만, 1990년대만 해도 조선족이 한국으로 들어오기는 하늘의 별따기보다 힘들었다. 그들의 할아버지는 우리나라의 광복과 자유, 민족의 행복과 평화를 위해 낯선 중국 땅에서 피와 땀을 흘렸지만, 우리나라는 그들을 외면하고 있었다. 중국에서는 중국에서대로 소수 민족이라는 꼬리표를 단 채 차별과 멸시를 받으며 힘들게 살고 있었다. 그런 사람들이 평생의 소원이라며 제발 한 번만이라도 좋으니 한국에 꼭 데려가 달라고 애원을 한다. 그런 이들을 바라보면서도 나는 할 수 있는 것이 별로 없다.

하지만 많은 사람들이 눈물과 기도와 헌신으로 함께 할 때 그들 가정의 가장 절박한 문제를 해결해 줄 수 있을 것이다. 그것은 바로 그들의 아이 문제, 즉 죽어가는 그 어린 새싹들의 병든 심장을 예수 그리스도의 심장으로 바꾸어 주는 일이다. 밀알이 처음으로 중국 사역을 시작했을 때는 중국에서 활동하던 많은 선교사들이 공안에 잡혀 들어갔고, 또 그 어느 때보다도 감시가 살벌하고 엄격했다. 그래서 직접적인 선교를 한다는 것은 생각조차 하기 힘든 상황이었다.

나는 그때 두만강변에 앉아 이곳에 작은 그리스도의 심장을 심을 수 있도록 해달라고 기도했었다. 하나님은 땅이 막히면 바다 길을 여시고, 바다 길이 막히면 하늘 문을 여신다. 우리의 사역에 동참하는 교회와 교인들은 모두 세상이 감당치 못하는 사람들이다. 이들은 모든 사람이 두려워하고 가지 않는 곳을 동행한다. 개인적으로는 불평과 원망이 있을 터이지만, 그래도 하나님의 길이 감사와 축복의 길 임을 믿고 동참한다. 이는 우리의 사역 속에서 하나님의 일하심을 경험하였기 때문이다.

나에게 선교가 무엇이냐고 묻는다면 나는 "출애굽의 현장이며 사도행전의 역사"라고 대답한다. 선교의 현장에서 신약과 구약을 생생하게 체험할 수 있기 때문이다. 선교지에서는 가는 곳마다 막는 곳이요, 발을 잡는 곳이다. 하지만 그러한 원망과 불평 속에서 역사하시는 하나님의 기적을 체험하는 현장이기도 하다.

하나님의 살아계심을 체험하고 싶은가? 그럼 선교의 현장에 동참하라. 나는 지금까지 많은 선교팀을 데리고 세계로 갔지만, 한 번도 하나님의 도움과 기적을 체험하지 않은 곳이 없다. 하나님은 때를 따라 먹을 것, 입을 것을 채워주시고, 무엇보다도 힘들고 어려운 상황에서 피할 길을 열어주셨다. 그래서 함께 한 사람들의 삶이 바뀌고, 예배가 달라지고, 공부하는 방법이 달라지는 것을 많이 보았다.

선교지에서 사역을 하다보면 공항에서 중국 공안에 잡혀 들어가지도, 나오지도 못한 적도 있었고, 여권 분실과 갑자기 아픈 사람 등 수많은 어려움이 도사리고 있다. 하지만 하나님은 그때마다 놀라운 기적의 역사를 일으켜주셨다.

한 번은 이런 일이 있었다. 중국 연길로 선교를 가는 길이었다. 우리나라에서 연길로 들어가는 가장 값이 싼 길은 속초에서 배를 타고 들어가는 길이다. 이 길은 돈이 없는 중국 유학생이나 장사하는 사람들이 이용하는 코스로, 오후에 속초에서 출발하면 밤새 물길을 타고 아침에 러시아를 거쳐 훈춘으로 들어간다.

2004년, 두 교회가 연합하여 우리의 사역을 돕고 동행하겠다며 연락이 왔다. 이 길을 이용해 중국으로 들어가기로 하고 전남 광양에서 팀을 출발시켰다. 차에서 새벽기도를 하고 속초로 향했다. 날짜가 7월

30일이어서 행락차량과 맞물려 제대로 갈 수 있을까 걱정을 했는데, 고속도로는 별로 막히지 않았고 가는 도중에 식사도 하고 차도 마셨다.

그런데 그것이 문제였다. 고속도로가 끝나고 국도로 들어서자 모든 길이 주차장이 되어 있었다. 오후 1시에 도착하여 수속을 밟고 3시에 배가 출항해야 하는데 도로에서 꼼짝을 할 수가 없었다. 선교팀은 오후 4시가 되어서야 간신히 속초에 도착할 수 있었다.

나는 그때 이 팀과 별도로 먼저 중국에 들어가서 숙소를 잡고 행사를 준비하고 있었다. 그런데 한국에서 다급한 전화가 걸려왔다.

"회장님, 사람들이 배를 타지 못했습니다."

이게 도대체 무슨 말인가? 차가 밀리니 빨리 출발해서 쉬지 않고 속초로 가야한다고 그렇게 신신당부를 했지만 제대로 내 말을 듣지 않았던 것이다. 하지만 이미 엎질러진 물이었다. 문제는 이 팀이 체육대회 물품과 선물, 수술비를 가지고 있다는 사실이었다. 어떻게 하든 반드시 중국으로 와야만 했다. 우리를 믿고 기차를 타고 7일, 차를 타고 3일에 걸쳐 이곳으로 오는 심장병 환자들에게 실망을 안겨줄 수는 없는 일이었다.

사무실에 연락해서 일단은 기도하고 인천, 부산, 광주 등 모든 공항에 전화해서 내일 들어올 수 있는 비행기가 있는지 알아보라고 했다. 하지만 비행기가 있어도 한 좌석이나 두 좌석밖에 남은 것이 없다는 것이었다. 모든 인원이 들어와야 행사를 진행할 수가 있는데 큰일이었다. 자원봉사자들도 우왕좌왕하며 그냥 되돌아가자는 사람에 불평을 늘어놓는 사람까지 생겼다. 마치 출애굽한 후 홍해 앞에서 모세를 원망하던 이스라엘 백성의 모습이었다.

나는 보고를 받고 다시 한국으로 전화를 했다.

"모두 기도하십시오. 하나님이 바다 길을 막으셨다면 하늘 길은 반드시 열어주실 것입니다."

그렇게 말은 했지만 사실 나도 뾰족한 해결책이 없었다. 도대체 어디에서 중국으로 들어오는 비행기를 갑자기 마련할 수 있다는 말인가! 중국으로 들어오는 모든 비행기는 만석이었다.

전전긍긍하고 있는데 우리의 배표를 준비했던 여행사 대표가 내게 전화를 걸어왔다.

"회장님, 양양 공항에서 전세기를 띄우는데 이 팀이 다 타면 될 것 같습니다."

할렐루야! 나는 돈이야 어떻게 되든 전세기에 탑승하라고 말했다. 하나님은 나의 생각과 경험을 뛰어 넘어 여호와 이레로 더 좋은 것을 준비해 두셨던 것이다. 팀원들 역시 중국에 들어와서 간증을 했다. 배를 타지 못하고 되돌아가야 하는 상황에서 모두들 불평하고 원망을 했지만, 돌이켜보면 그 덕분에 하루 동안 동해안과 설악산 구경도 하고 배가 아닌 전세 비행기로 중국에 들어가게 되었으니 하나님의 살아 계심을 체험하게 되었다고 고백했다.

그렇다! 하나님은 오늘도 우리의 심장이 살아 뛰게 하시고 새로운 기적의 현장으로 우리를 인도하시는 좋으신 하나님이다. 여러분도 그런 하나님을 믿고 심장이 뛰는 일을 하고 싶다면 지금 바로 선교에 동참하라!

기적과도 같은 심장병 환자 체육대회

사실 심장병 환자 체육대회는 모험이었다. 생각해보라! 심장병 환자가 어떻게 달리기를 하고 축구공을 차며 릴레이를 할 수 있겠는가? 그런데 수년 동안 심장병 환자를 수술하는 과정과 가정 방문을 통해 심장병 환자들을 만나다보니 체육대회가 가능하다는 확신이 왔다.

그래서 주님께 기도했다.

"주님, 정말 체육대회를 해도 될까요? 주님이 도와주시면 가능함을 믿습니다."

그렇게 기도는 했지만, 하나님이 나에게 결정적으로 응답을 준 것은 나의 조카를 통해서였다. 6살 때 심장 수술을 한 우리 조카는 자전거도 잘 타고 달리기도 다른 아이보다 잘했다. 그래서 어느 날 동네에서 뛰어놀고 있는 조카에게 물어보았다.

"선빈아, 달리기해도 괜찮니?"

그랬더니 조카의 대답은 이랬다.

"한 번 더 뛰고 올까요?"

하나님은 우리 선빈이를 통해 심장병 환자의 체육대회가 가능하다는 확신을 주셨다. 그래서 중국 심장병 환자 체육대회를 계획하게 되었던 것이다. 아니, 이 일을 계기로 전 세계 심장병 환자 체육대회가 시작되게 된 것이다.

중국의 심장병 환자들과 가족은 우리를 만나기 위해 20시간, 아니 길게는 3일에서 5일을 기차를 타고 오는 사람들이었다. 나는 이들에게 가장 기억에 남는 체육대회를 만들어 주어야한다고 생각했다. 그래서 체육대회 종목과 도구들은 모두 한국에서 준비했다. 그리고 도우미도 한국에서 준비했다. 중국으로 단기 봉사를 떠날 팀을 백방으로 알아보고, 함께 가기를 원하는 교회나 단체들을 모으기 시작했다. 하나님은 필요한 사람들을 한 명도 빠짐없이 보내주셨다.

중국의 심장병 환자들에게 줄 약품과 선물도 문제였다. 하지만 소비코(구 태영교역), 고려은단, 한국얀센에서 수술비와 비타민, 감기약, 해열제를 후원해주기로 했다. 거기에 많은 후원자들이 정성을 모아주었다. 이렇게 매년 중국 단기 선교에서는 놀라운 기적들이 일어났다.

단기팀의 방문 기간 동안 심장병 환자들을 위한 수술도 이루어졌다. 수술을 마친 아이들은 회복이 잘되어 가정으로 돌아갔다. 부모들은 "내 자식을 살려줘 감사하다"며 눈물을 흘렸다. 나는 그런 아이들의 부모를 향해 이렇게 말해주었다.

"당신의 자녀를 살린 돈은 한국의 많은 예수 믿는 사람들이 후원한 것입니다. 그들은 당신의 자녀를 위해 먹을 것을 줄이고, 입을 것을 줄이며 돈을 모아 보내준 것입니다. 그들 역시 그렇게 넉넉한 사람들은 아닙니다. 하지만 그들이 보내준 5천 원, 1만 원이 모여 이런 기적을 이룬 것입니다. 그들이 이런 일을 하는 것은 어떤 다른 이유가 있어서가 아닙니다. 오직 하나님의 사랑 때문입니다."

수술이 끝난 다음에는 잘 회복하고 있는지를 알아보기 위해 그 가정을 방문했다. 그런데 어떤 가정은 경제적 어려움 때문에 고통을 겪고 있었다. 가족의 생계를 위해 어머니가 한국에 가서 식당일을 하는 가정, 부모 없이 할머니가 아이를 키우는 가정, 돈이 없어 고등학교를 다니지 못하는 아이들 등 안타까운 가정이 한 둘이 아니었다. 이들을 도울 수 있는 방법이 없을까?

우리가 수술한 아이들은 공부도 잘하고 훌륭한 사람이 되어 중국을 변화시키는 일꾼이 되어야 했다. 그래야 우리도 보람을 느낄 수 있을 것이고, 그 아이들도 밝은 미래를 꿈꿀 수 있는 것이다. 하지만 이렇게 가난을 대물림하며 힘들게 살아야 한다면 미래는 없다. 단순히 수술만 해주는 것이 아니라 이들을 전체적으로 보살펴줄 수 있는 근본적인 프로그램이 필요했다. 심장만 수술하는 것이 아니라 이들을 공부시키고 양육시켜 이 나라의 지도자로 클 수 있도록 도와야 했다.

나는 주님이 반드시 응답하실 것을 믿고 이렇게 기도했다.

"주여, 밀알을 축복하소서! 수많은 동역자를 붙여주시고 저들을 마음껏 섬기며 돕게 인도하소서."

다음은 중국 심장병 환자 체육대회에 참석했던 두 분의 간증이다.

할렐루야!

주님의 은혜 가운데 바쁜 일상을 벗어나 밀알심장재단이 후원하는 중국체육대회를 위해 7박 8일, 은혜의 장중에 올랐습니다. 도착지까지 끝없이 이어지는 옥수수 밭을 바라보며 내 조국 대한민국의 왜소함에도 불구하고 이 거대한 나라보다 더 잘 살 수 있도록 은혜를 베풀어주신 하나님께 감사하지 않을 수 없었습니다.

밀알심장재단 체육대회에서 한 가정, 한 생명마다 가슴 아픈 사연들을 묻고 있는 환우들을 바라보니 절로 숙연해지고, 이 가족들과의 만남이 결코 우연이 아니란 걸 깨닫게 되었습니다. 환우들의 순박함! 감사함! 겸손함! 겉으로는 웃고 있는 내 모습 속에 순간순간 가슴 밑바닥엔 주체할 수 없는 감사의 눈물이 흐르고 있었습니다.

지하교회에서의 예배는 저에게는 충격이었고 핍박받던 옛 선지자들의 삶이 오늘 이 시간에도 주님을 사모하는 하나님의 자녀들에게 있다는 게 얼마나 슬픈 현실인지…. 가슴 저 밑바닥에서 뜨겁게 부르던 찬송가! 주님을 사모하는 선교사님들의 삶! 지금 내게 주어진 신앙의 환경에 감사하면서도 부끄러움에 어찌할 바를 몰랐습니다.

옛 선조들의 삶의 터전이었던 광활한 만주 벌판! 이름 없이 조국을 위해 살다 가신 분들의 묘소들! 백두산 천지의 푸른 물! 내 조국의 아픔을 아는지 모르는지, 눈이 시리도록 바라보고 또 바라보면서 그곳이 하나의 관광지가 아니라 깊은 슬픔으로 와 닿았습니다.

마지막 일정은 밀알심장재단을 통해 수술을 받은 심장병 수술자들의 가정 방문이었습니다. 기나긴 시간을 달려서 겨우 도착한 한 자매의 가정! 소박하지만 정이 넘치는 부모님과 지극한 정성으로 우리 일행을 접대하는 친지와 이웃들…. 이 자그마한 마을이 여리디 여린 자매를 통해서 복음화 되길 기도하면서 이 일의 중요성을 다시 한 번 생각했습니다.

짧지만 긴 마음으로 다녀온 중국 방문! 내 삶의 지표가 무엇인지, 주님께서 얼마나 저를 사랑하시는지, 그 사랑의 이유가 무엇인지를 깨닫게 해준 의미 있는 시간이었습니다. 지금 이 시간에도 멀고도 험한 지역에서 주님의 사역을 펼치는 선교사님들의 평안하심을 기도하면서 이 글을 맺습니다.

순천엘림교회 임채심 권사

7월 30일 새벽 4시, 눈을 떠서 시간을 확인하고는 좀 더 자야지 하고 생각하다 화들짝 놀라 일어났습니다. 아니지! 오늘은 중국을 가는 날이잖아!

평소와는 달리 가슴이 두근두근 거렸습니다. 한껏 화장을 하고 오전 6시45분, 집에서 출발했습니다. 그리고 인천국제공항에서 12시 30분발 목단강 행 비행기에 몸을 실었습니다. 비행기 아래로는 목화솜 같은 뭉게구름이 깔려있었고, 위로는 또 다른 구름층이 층층 계단을 이루고 있었습니다. 그런 하늘을 바라보며 '하나님의 천지창조가 이렇겠지'하고 생각했습니다. 고작 내 시야에 들어온 작은 공간이었지만 그 장관은 말로 표현할 길이 없었습니다.

목단강에 도착해서 길림으로 가는 길, 그리고 연길로 이어지는 끝없는 옥수수 밭을 뒤로한 채 시속 60킬로미터로 4시간을 마냥 달리고 달려 마침내 연길에 도착했습니다. 도착 다음날부터 체육대회 준비를 하고, 마침내 토요일 기대해마지 않던 밀알심장병환자 체육대회가 열렸습니다.

아침 일찍부터 중국 전 지역의 수술 받은 심장병 환자들과 가족들이 버스와 차로 짧게는 4시간부터 많게는 30시간을 달려 체육대회에 참여하러 왔습니다. 그런 그들의 모습을 보며 많은 것을 보고, 많은 것을 느꼈습니다. 심장병(690명 수술)을 통해 예수 그리스도의 참사랑을 경험한 그들이 사랑과 기쁨으로 행사에 참여한다는 것은, 그것이 그렇게 쉽게 이루어진 것은 아니라고 생각했습니다. 이것이 가능했던 것은 수많은 사람들의 뜨거운 기도가 있었기 때문에 비로소 가능해진 것이 아닐까 속으로 혼자 생각해 보았습니다.

이것이 바로 살아있는 선교입니다. 우리가 할 수 있는 것은 기도와 물질로 후원하는 일이었습니다. 중국을 가슴에 안고, 밀알의 소중함을 깨닫게 해주고, 나의 모습을 돌아보는 가운데 많은 성도들이 밀알을 위하여 기도하고 있음을 새삼 깨닫게 되었습니다.

소금과빛교회 서정순 전도사

신종플루보다 더 독한 믿음의 사람들

2009년 신종플루가 전 세계를 휩쓸었다. 모든 사람들이 신종플루에 대한 두려움으로 해외여행을 취소했다. 선교 현장 역시 이런 신종플루의 두려움으로부터 비켜갈 수는 없었다. 각종 선교 사역들이 위축되고 어려움을 겪었다. 다른 나라에 들어가기도 힘들고 비자도 잘 나오지 않았다. 많은 사람들이 해외 봉사를 신청해놓고도 취소했다.

병원 의사들은 내게 절대로 외국을 나가서는 안 된다는 금지령을 내렸다. 건강이 좋지 않으니 제일 먼저 사스에 전염될 수 있다는 것이었다. 그러나 심장병 아이들이 기다리고 있는데 가지 않을 수는 없었다. 베트남에서 행사를 마치자마자 바로 중국으로 날아갔다. 우리 일행은 자원봉사팀을 합쳐 84명이었다.

중국에 들어가니 선교사님들이 도대체 어떻게 비자를 받았느냐며 궁금해 한다. 하지만 그것보다 더 큰 문제는 사람들이 모이지 못하도록 정부에서 금하고 있는데 어떻게 행사를 치를 것이냐 하는 문제다. 출입국 관리소도 힘들어 하고 공항에는 온통 마스크맨들이다.

중국으로 들어가는 데는 공항에서부터 문제가 발생했다. 입국 자체가 힘들었다. 해외여행을 하는 사람 자체가 별로 많지 않았다. 비행기도 거의 빈 상태였고 공항도 한산했다. 하지만 믿음의 사람들은 사스보다 더 독하고 세상사람 누구도 이들을 감당할 수 없다는 것을 알았다.

자원봉사팀의 사람들은 생업을 포기하고, 학원의 문을 닫고, 3개월 된 아들과 딸을 남겨둔 채 이 여행에 따라나선 사람들이었다. 이들은 목숨을 건 사역을 준비하였고, 남편들로부터는 미쳤다는 소리를 들었다. 그래도 이들은 꿈쩍도 하지 않았다. 죽으면 죽으리라는 마음으로 선교에 나섰다.

하나님은 이들의 이런 모습을 보시고 선교의 문을 열어주셨다. 죽어가는 심장병 환자들의 심장에 진한 예수 그리스도의 심장을 심는 확실한 기회가 되었다. 그 누구도 사스로 인해 찾지 않는 지역의 교회에서 성도들이 함께 손을 잡고 기도하며 찬양할 때 중국의 성도들과 심장병 환자들은 눈물을 흘렸다. 이것이 바로 선교이며 심장이 뛰는 사역이 아니겠는가!

중국 대련의 충격과 기적

중국의 대련은 2008년 5월, 한 목사님을 통해 심장병 환자에게 관심을 가지게 되었다. 현재 대련에서는 심장 수술이 이루어지고 있고, 대련의 기독실업인회(CBMC)가 여의도순복음교회의 지원으로 현지의 심장병 환자들을 한국으로 초청하여 수술을 해주고 있다.

대련으로 향하면서 나는 매우 흥분되어 있었다. 대련에서 심장병 환자가 수술을 받고 있고, 또 그들을 만날 수 있다는 사실이 나를 들뜨게 만들었다. 연변에서의 사역은 이제 끝이 보이고 있었다. 복지병원이 중국 정부와 20년 계약을 맺었는데, 그 계약의 종료 시점이 이제 2~3년 남짓 밖에 남지 않았다. 뭔가 새로운 돌파구가 필요했다.

그래서 내가 대련으로 달려갔던 것이다. 대련에서 심장병 환자들을 수술하는 의사는 조선족 김철 교수님이었다. 그는 우리 밀알을 알고 있었다. 연변 복지병원에서 우리를 본 것이다. 그래서 만남이 이루어질 수 있었다.

병원장을 만나기 위해 대련대학교 부속 중산병원으로 갔다. 이 병원은 100년의 역사를 자랑하는 오래된 병원으로, 원래 명칭은 철도병원이었다. 그런데 운영상의 어려움으로 대련대학교로 넘어왔다. 중산병원의 병원장은 한족이었다. 김철 교수가 통역을 맡았다. 나는 병원장에게 내가 온 이유를 설명했다. 그리고 병원장에게 부탁을 했다.

"나는 대한민국 사람입니다. 99년부터 지금까지 500여명의 중국 심장병 환자들에게 직·간접으로 도움을 주었고, 공부도 시키고 있습니다. 내가 대련에 온 이유는 대련의 심장병 환자들이 이 병원의 도움으로 새 삶을 찾기를 원하기 때문입니다. 하지만 한국에서 지원하는 돈만으로 중국의 심장병 환자들을 수술하기에는 어려움이 많습니다. 그러니 대련 시 등에서 수술비의 90퍼센트를 감당해주십시오. 그래야 내가 이 일을 할 수가 있습니다. 또 한 가지, 환자들을 선별하고 수술하는 것은 밀알 직원이 맡을 것입니다. 따라서 비자 문제를 이 병원에서 해결해주시기를 원합니다. 이제 당신과 우리는 새로운 파트너로서 죽어가는 심장병 환자들에게 새로운 생명을 주는 일을 함께 하기를 원합니다.”

이렇게 이야기를 했더니 그 병원장은 너무도 기뻐하면서 협력하자고 했다. 그래서 그럼 그렇게 알고 기다리겠다고 이야기하고 한국으로 돌아왔다.

그 후 8월에 연길에서 행사를 마치고 대련으로 오라고 하여 갔다. 하지만 병원측의 준비가 아직 이루어지지 않았다. ‘역시 중국이구나’ 하고 생각되었다. 다시 한 번 병원의 모든 문제가 해결되면 수술과 협약식을 하기로 했다.

대련 지부장을 선발하는 문제로 매우 힘들었는데, 하나님의 은혜로 공개 모집하여 선발할 수 있게 되었다. 정직하게 심사하여 GMS 김밀알 선교사님을 지부장으로 임명했다. 그리고 김 선교사님의 교회에서 파송예배를 드렸다.

2009년, 해가 바뀌자 중산병원 측에서는 일의 진행을 서둘렀다. 하지만 나는 뜸을 들이면서 좀 더 시간을 끌었다. 목마른 사람이 먼저 우물을 판다고, 지금 상태에서는 인내심을 갖고 기다리는 것이 유리하다고 생각되었기 때문이다.

6월 9일, 드디어 중국 현지에서의 협약식이 마련되었다. 협약식이 이루어지기까지 지부장인 김 선교사님과 김철 교수님의 수고가 너무 컸다. 이 협약식은 그야말로 하나님의 역사하심이었다. 공산국가인 중국에서는 너무도 기대하기 힘든 일들이 이루어졌기 때문이다.

첫째, 우리가 원하는 모든 것이 이루어졌다. 하나님은 한 치의 부족함이나 어려움이 없도록 우리의 요구대로 응답해주셨다. 그리고 중국 사람들의 존경과 칭송을 받으며 협약을 맺을 수 있었다. 이것은 대단한 일이었다. 중국이 어떤 나라인가? 돈 얼마 돕는다고 그들로부터 친구 대접을 받을 수 있겠는가?

둘째, 중국에서 가장 큰 단체가 밀알과 협력하기로 약속했다. 하나님은 누구를 사용하시든 하나님의 일을 이루어 가신다. 비록 그 대상이 믿는 사람이든, 믿지 않는 사람이든, 하나님은 하나님의 일을 위해 사용하신다. 하나님은 솔로몬의 성전 건축 시에도 이방나라를 사용하셨고, 성막 건축에서도 이집트의 황금 보화를 사용하셨다. 셋째, 공산국가 중국에 복음의 씨앗이 뿌려질 수 있게 하셨다. 그 일은 한 가정의 방문에서부터 비롯되었다. 협약식 다음날, 우리는 병원 측에서 준비해준 차로 지부장과 함께 중국 가정을 방문했다. 그 가정에는 두 명의 자매가 있었는데, 모두 심장병이었다.

처음에 이야기를 듣기로는 한 3시간 정도 가면 된다고 들었는데, 실제로 가보니 4시간 30분이나 걸렸다. 차는 비포장도로와 포장도로를 거쳐서 한 시골마을로 들어갔다. 주택의 모습이 전형적인 중국집들이었다. 우리가 방문한 가정의 주 수입원은 돼지 사육이었다. 큰 돼지 한 마리의 가격이 우리나라 돈으로 15~18만 원 정도로 돼지를 팔아 아이들의 약값과 교육비를 충당하고 있었다.

집안으로 들어서니 아이들의 할머니와 어머니가 우리 일행을 무척 반갑게 맞아주셨다. 아이는 선천성 심장병이었다. 할머니와 어머니는 도대체 뭐가 문제여서 아이가 심장병에 걸렸는지가 무척 궁금한 모양이었다. 여러 가지를 물어보면서 심장병이 유전이냐고 질문했다.

나는 "심장병은 유전이 아닙니다. 산모가 아이를 가졌을 때의 주위 환경이 매우 중요한데, 자녀의 아버지가 술을 많이 먹거나, 심하게 놀거나, 감기약을 먹거나 같은 환경적 요소로 인해 심장병을 가진 아이가 태어납니다"고 대답했다.

아이의 할머니와 어머니는 그 아이를 가졌을 때 감기약을 먹었다고 대답했다. 그러면서 자기들끼리 농촌에서 살아 무식해서 그렇다며 무척 안타까워했다. 나는 그들에게 너무 걱정하지 말라고 이야기해주고 우리가 이 아이를 수술해주기 위해 한국에서 왔다고 하니 너무 고마워했다.

그렇게 이야기를 나누고 있는데 동네 사람들이 몰려왔다. 이 가운데는 수술을 받게 된 이 가정을 축하해주기 위해 온 사람들도 있었지만, 외부인을 감시하기 위해 온 사람들도 있었다. 중국을 자주 다니다보니 자연스럽게 깨닫게 된 것이다. 그래서 중국에서의 행동은 늘 조심스러울 수밖에 없다.

그런데 동네 아주머니 가운데 한 명이 큰 소리로 "공산당이 이 아이를 무료로 수술해준다"고 외쳤다. 그러자 당황한 아이들의 어머니가 그 아주머니의 입을 막으면서 한국 사람들이 수술해주는 것이라고 정정했다.

그 아주머니의 말을 듣고 나는 깜짝 놀랐다. 99년부터 중국을 다녔지만 이런 이야기는 처음이었기 때문이었다. 공산당이 수술해준다고 생각하는 사람들에게 복음을 전했다면 우리의 신분이 탄로 나서 힘든 상황에 처했을 수도 있기에 조심, 또 조심할 일이다.

하지만 아이들의 어머니와 할머니는 우리가 기독교인임을 알고 있었다. 지부장이 먼저 그 집을 방문했을 때 그 이야기를 했고 그래서 이들은 마음이 열려 있었다. 참으로 기적적인 일이었다. 공산당을 외치는 곳에 복음을 전할 수 있다는 사실에 나는 가슴이 두근거렸다. 심장병이라는 도구가 공산당의 구호를 예수님의 사랑으로 바꿔놓을 것이다.

나는 다른 사람들이 다 들을 수 있도록 이렇게 이야기했다.

"어머니, 할머니, 우리가 대련 시와 협약을 맺은 이후 첫 가정이고 첫 어린이입니다. 이 아이가 잘 되어야 합니다. 여러분이 먹지 못하고 자지 못한다 할지라도 이 아이를 대련대학으로 보내서 공부를 시켜주십시오. 그래서 훌륭한 사람으로 키워주셔야 합니다. 오늘 우리가 여기에 온 이유는 그 때문입니다. 절대로 가난을 대물림하지 않기를 바랍니다. 저는 어릴 적 이 집보다 더 어려운 가정에서 살았습니다. 옥수수 죽을 먹고 살았지만, 열심히 공부하고 하늘의 아버지가 도와주시니 이제 전 세계의 심장병 환자들을 도울 수 있게 되었습니다. 대학을 졸업하고 저 아이가 더 공부하고 싶다면 한국으로 대학원을 올 수 있도록 돕겠습니다. 이 가정이 중요합니다. 힘을 내시고 자녀들에게 사랑과 도전과 용기를 주십시오."

어머니와 할머니는 나의 말대로 따르기로 약속했다. 그러고는 우리에게 땅콩을 주었다. 먹을 것이 그것밖에 없었기 때문이었다. 하지만 나는 감사의 마음으로 받았다. 내년에 다시 대련대학병원에서 만나기로 약속하고 그 집을 떠났다.

돌아오면서 많은 생각을 했다. "공산당이 수술해준다"던 한 아주머니의 외침소리가 머리를 떠나지 않았다. 하나님이 우리를 대련으로 보내신 이유를 오늘 찾을 수 있었다. 하나님은 이들의 마음과 머릿속에 있는 신념을 없애고 예수님의 사랑을 심고 싶어 하시는 것이다. 물론,

그렇게 되기까지는 많은 시간이 걸리겠지만, 한 가정 한 가정을 수술하면서 저들의 죽어가는 심장에 작은 밀알을 심는다면 언젠가는 이 땅에 그리스도의 계절이 올 것이다. 그런 날을 기대하며 오늘도 나의 심장을 뛰게 하시며 기적을 보게 하신 성령님을 노래한다.

선교의 열정으로 삶을 바꾼 사람들

나는 지난 25년 동안 사역을 하면서 목사인 나보다 더 뜨겁고, 더 열정적으로 사역하는 수많은 사람들을 만났다. 가령, 광양율동신학원의 최수연 원장님은 6개월 된 자신의 아이보다 오히려 심장병 환자들을 위해 더 헌신의 눈물을 흘리는 분이다.

이런 모습을 남들이 보면 잘 이해가 안 될 것이다. 6개월 된 간난아이의 어머니가 아아는 버려둔 채 중국으로 선교를 왔으니, 그 열정에 고개가 숙여질 따름이다. 최 원장님은 베트남과 필리핀의 사역지에서도 하루 2~3시간 밖에 잠을 안 자며 기도하는 모습이나 팀의 한 사람, 한 사람을 위해 최선을 다하며 제일 먼저 기도로 집회를 준비하는 모습으로 우리에게 많은 은혜를 주었다.

이런 원장님의 모습을 닮아서일까? 광양율동팀에는 아름다운 분들이 많다. 중국 봉사를 가는 63살의 아내를 위해 쌍꺼풀 수술을 해주는 멋진 장로님 남편. 이 분은 나이가 들수록 사람들에게 더 아름답게 보이며 복음을 전해야 한다며 수술을 해주셨던 것이다. 그토록 든든한 가족의 후원을 받으며 사역하는 권사님의 모습이 행복해 보였다.

그뿐만이 아니다. 너무 많은 사역과 자신의 일로 지쳐서 선교를 할수 없는 상황인데도 가족과 직장 그리고 6개월 된 아들 등 모든 것을 내려놓고 베트남 사역에 따라나선 김미임 집사님. 김 집사는 링거를 맞으면서도 율동으로 하나님을 섬겼다. 특히 새롭게 구입한 시계를 선교사 사모에게 드릴 정도로 준비된 믿음의 사람이다.

밀알의 해외선교팀 가운데는 아내의 약속을 지키기 위해 사역에 동참한 남편과 딸도 있었다. 이들 가족은 원래 밀알심장재단의 베트남 봉사에 참여하기로 약속했는데, 그만 출발하기 한 달 전에 아내가 갑작스럽게 천국으로 떠났다. 나이도 얼마 되지 않는 분이었는데 너무 허무하게도 세상을 떠났다. 남겨진 남편 집사님과 딸로서는 너무도 힘든 상황이었을 텐데 떠난 아내와 어머니의 빈자리를 채우기 위해 봉사에 참여한 것이다. 나는 이들을 보면서 믿음은 태산보다 크고 주님의 마음은 바다보다 넓다는 것을 깨달을 수 있었다.

남편의 반대와 그로 인한 아픔 속에도 하나님을 만나기를 원하는 현숙한 여인도 있었다. 이 여인의 남편은 교회에 대해 좋지 않은 편견을 가지고 있어 선교를 가지 못하게 막았는데도 참여를 했다. 참으로 안타까운 일이었다. 이 집사님의 소원은 남편과 함께 교회 생활을 하는 것이고, 온 가족이 함께 밀알심장재단의 해외 봉사에 참여하는 것이다.

이뿐만이 아니다. 온 가족 5명이 언제나 가방을 싸고 해외 봉사를 고대하는 가정도 있다. 학원을 운영하는 집사님의 가정인데, 이들은 사스 때도 죽으면 죽으리라는 마음으로 봉사에 참여했다. 어린 자녀들까지 동반을 했기에 어떻게 자녀들까지 데리고 왔냐고 물어봤더니 빚을 내서 데리고 왔다는 설명이었다. 넉넉하지도 못한 가정이지만 온 가정이 선교의 대열에 동참하며 은혜의 강물에 젖어 살아가기를 원하는 모습을 보니 지금은 이 가정이 힘들고 어려워도 나중에는 하나님의 위대한 일을 보게 될 것이라고 기대해본다.

밀알의 해외 봉사에는 자신이 받은 은혜 때문에 남편과 자식뿐만 아니라 친척까지 참여하게 하는 욕심 많은 은혜파도 있다. 처음에는 밀알의 사역이 좋아 혼자 참여했는데 은혜를 받고 보니 자녀, 남편까지 데리고 오다가 나중에는 자신의 조카에 이웃까지 데리고 오는 열심파이다.

필리핀으로 선교를 간다고 하니 말라리아 약을 먹고는 그만 부작용으로 병원에 입원한 사람들도 있었다. 이들은 반점이 붉게 올라오고 병원에서 말리는데도 불구하고 도저히 끌 수 없는 선교의 불길 때문에 결국은 사역에 따라나섰다. 그야말로 죽기를 각오하고 사역 현장으로 달려가는 믿음의 용사들이다. 이런 사람들이야말로 선교의 열정으로 자신의 삶을 통째로 바꾼 위대한 사람들이다.

제주도의 심장병 환자를 만나다

우리는 제주도의 심장병 환자를 매우 독특한 방식으로 만났다. 우리는 심장병 환자를 수술할 때마다 먼저 부모와 환자가 참석한 가운데 예배를 드리고 수술에 들어가는데, 수술 병동에 다른 아이들이 있었다. 궁금해서 물어보니 제주도에서 온 환자라고 했다. 이들은 모두 예수님을 알지 못했다. 신기한 일이었다. 어떻게 교회를 가보지 못했을까?

그날 사무실로 돌아와서 기도를 하는데 이런 생각이 들었다.

'그래, 해외에서의 사역도 중요하지만 먼저 제주도를 가야한다. 제주도의 심장병 환자들을 수술해주고 그들의 심장에 예수 그리스도의 심장을 심어야겠다.'

제주도 사역은 이렇게 시작되었다. 하지만 처음에는 순탄치가 않았다. 제주도 교회들의 협조가 있어야 하는데 밀알을 잘 알지 못한 탓에 협조가 잘 이루어지지 않았다. 행사를 해야 하는데 장소를 협조하는 교회가 없었다. 막막했다.

하지만 포기할 수는 없었다. 하나님께 기도했다. 제주도의 환자들은 제주도에서 수술을 할 수가 없어서 서울과 부산, 전남대 병원 등으로 가고 있었다. 포기하지 않고 계속해서 제주도의 문을 두드렸더니 우리를 잘 알지는 못하지만 믿고 문을 열어준 좋은 교회들을 만날 수 있었다. 그런 교회들이 바로 제일성결교회, 서귀포교회, 제광교회, 서광교회, 서귀포중앙교회, 하귀교회, 모슬포교회, 성내교회, 법환교회, 기적의교회, 우리순복음교회, 안덕교회 등이었다.

그렇게 시작된 제주도 심장병 수술은 30여명을 넘어서고 여기서 많은 기적이 일어났다. 하나님은 신실한 종들을 통해 역사하신다.

무당도 예수의 심장으로

제주도는 우리의 선교지임에 틀림없다. 처음 제주도의 아이를 만났을 때 나는 심장이 뛰었다. 대한민국에는 아직도 수술이 되지 않는 지역이 있기 때문이었다. 나는 그곳으로 달려가고 싶었다. 그리고 이들을 통해 하나님의 나라가 확장되기를 바랐다.

그렇게 시작하여 수술한 환자가 10명이 되고 50명이 되었다. 한번은 서귀포에서 행사를 마쳤는데 다음날 내게 전화가 왔다. 자기 아이가 심장병인데 수술을 해줄 수 있느냐는 것이었다. 그때 나는 서귀포 중앙교회에 있었다. 나는 전화를 건 사람에게 교회로 찾아오라고 말했다. 젊은 부부가 할머니를 모시고 나를 만나러왔다. 이야기를 들어보니 할머니는 무당이었다. 아이를 고치기 위해 굿도 하고 여러 가지 방법을 시도했지만 아이의 상태는 악화되기만 했다. 그래서 할 수 없이 나를 찾아왔다는 것이었다.

나는 젊은 부부에게 이렇게 말했다. 아이를 수술하는 것은 의사들이지만 살리는 것은 하나님이니 하나님을 믿고 의지할 수 있겠느냐고 물었다. 그러자 할머니는 아이만 살려주면 교회를 나오겠다고 말했다. 무당이지만 손자의 심장만 살 수 있다면 예수를 믿겠다는 것이었다.

아이를 서울로 데려왔다. 수술은 성공적으로 이루어졌지만, 하나님은 이 아이에게 가시를 주셨다. 한 번으로 수술이 끝나지 않고 계속해서 수술을 해야 한다는 것이었다. 결국 아이에게 심장박동기를 달았다. 수술은 했지만 심장이 제대로 뛰지 못했기 때문이다. 그래도 수술하기 전보다는 훨씬 더 많이 좋아졌다.

간호사가 된 제주도 환자

2005년 제주도 제광교회에서 심장병 환자 무료 진료를 했다. 마침 그때 제주 한라병원에서 심장병이라는 진단을 받고 수술을 기다리던 고등학교 2학년 아이가 있었다. 당시 제주도에서는 심장병 수술이 되지 않았기 때문에 기다리는 수밖에 없었다.

그 아이의 가정은 믿지 않는 가정이었다. 경제적으로 어려운 가정이었는데, 그래도 아이는 그런 가운데서도 티 없이 맑게 자랐다. 나는 그 아이를 서울 백병원으로 초청하여 수술을 하기로 했다. 교회에서도 많이 기도를 해주었고 우리도 기도를 많이 했다.

기도 덕분에 아이는 은혜 가운데 수술을 마쳤다. 제주도로 돌아가면서 아이는 자신의 꿈이 간호사라고 밝혔다. 이후 그 아이는 우리가 매년 제주도에서 집회를 할 때마다 만났고, 행사에도 참여했다. 우리를 만난 이후에는 교회에도 출석했다.

고등학교를 졸업한 아이는 나에게 전화를 걸었다.

"목사님, 졸업하면 병원으로 취직을 해야 하는데 뭍으로 가고 싶습니다."

그래서 나는 그 아이에게 서울 백병원에 지원하라고 알려주었다. 자신이 수술을 받은 병원의 간호사가 되는 것은 틀림없이 의미 있는 일이었다. 동시에 다른 심장병 환자들에게도 희망을 줄 수 있는 일이었다.

그 아이는 나의 충고대로 백병원에 지원을 해서 간호사가 되었다. 지금도 자신의 자리에서 묵묵히 자신의 일에 최선을 다하는 그 아이를 볼 때마다 나는 그 아이가 자랑스럽기만 하다. 그 아이는 이제 자신도 자신보다 어려운 아이들에게 사랑을 전하겠다고 말한다. 그 모습을 보며 참으로 잘 자라주었구나 하는 생각이 든다. 밀알의 작은 씨앗들이 이루어가는 하나님의 위대한 일을 우리는 앞으로 많이 보게 될 것이다.

테러 집단도 넘어가게 하시는 하나님

나는 많은 이들의 기도와 후원에 힘입어 인도 뭄바이 공항으로 가는 비행기에 올랐다. 비행기에 오르기 전 복용한 말라리아 약 때문에 몸이 나른해지고 하늘이 빙빙 도는 것 같았다. 그런데 설상가상으로 6시간짜리 비행인 줄 알았는데 비행시간이 9시간이었다. 하늘이 노랬다. '하나님, 힘을 주옵소서. 그리고 나의 연약한 몸을 지켜주옵소서.'

그렇게 기도로 시작한 인도 방문, 뭄바이 공항에서부터 모기와의 전쟁이 심상치 않았다. 나는 원래 모기를 무척 싫어했다. 집에 있을 때도 늘 모기 때문에 잠을 설치는 경우가 한두 번이 아니었다. 그렇게 싫어하는 모기인데, 공항에 내리자마자 얼마나 모기가 많던지…. 화장실에 가보니 사람들이 화장실 바닥에서 자고 있었다. 그런데 그 사람들의 얼굴, 손, 발에는 모기가 잔뜩 달라붙어 있었다. 나는 기가 막혔다. 어떻게 저렇게 하고 잠을 잘 수 있는지 신기했다. 그래도 명색이 국제공항인데, 국제공항의 상황이 이런데 밖으로 나가면 도대체 얼마나 모기가 많다는 이야기일까! 나는 '죽었구나' 하는 생각이 들었다.

짐도 엄청나게 많았다. 한인이 별로 없는 나라여서 필요한 물품은 모두 가지고 가야 했다. 현지에는 한인식당 하나 없었다. 라면부터 김치, 각종 물품에 선물, 거기에 찬양팀의 음향장비까지 모두 가지고 가야 했다. 짐이 너무 많아 초등학교 3학년까지도 카트를 밀어야했다. 짐을 정리하는 데만 2시간이 걸렸다.

드디어 인도의 땅을 밟았다. 우리는 인도의 심장을 뛰게 만들어야 했다. 말도 안 통하고 문화도 달랐지만 우리는 적응해야 한다. 우리와 동행한 선교팀은 익산 고현교회 2차 30명의 성도들이었다. 버스를 기다리며 시간을 보니 새벽 2시 30분이었다. 그렇게 늦은 시각인데도 돈을 달라며 끈질기게 달라붙는 아이들이 한두 명이 아니었다. 정말 한국에서는 상상도 못할 일이었다. 그곳이 국제공항인지, 아니면 동네 공항인지 구별이 되지 않았다. 지금은 상황이 바뀌어서 공항이 무척 좋아지고 깨끗해졌지만, 2004년 당시 그 밤의 뭄바이 공항 풍경은 한없이 초라했다.

뭄바이 공항에서 목적지인 하이드라바드로 가기 위해서는 국내 항공편을 이용할 수 있는 공항으로 이동해야 했다. 우리는 15분마다 있는 셔틀 버스를 무려 1시간이 지나서야 겨우 탈 수 있었다. 그런데 버스를 타고 10분 정도 가니 동네 깡패들이 새벽부터 차를 가로 막고는 사람을 협박했다. 총을 들고 고함을 치면서 버스 안으로 들어 왔다. 순간 나는 기도했다.

"하나님, 사고가 생기지 않도록 도와주옵소서."

이들은 우리가 모두 한 팀인 것을 알고는 20여분을 잡아두고 통과시켜 주지를 않았다. 그래서 가져간 카메라와 비디오로 이들을 찍기로 했다. 그러자 이들은 카메라에 신경질을 내며 겨우 차를 통과시켜 주었다. 오직 주의 은혜였다. 공항에서부터 여러 모로 쉽지 않은 인도 방문이었다. 하지만 하나님은 무사히 우리를 국내 공항으로 인도해주었고, 우리는 하이드라바드에서 선교사님을 만나 3,000명이 넘는 환자들을 무료 진료 하고 복음을 전했다.

익산 고현교회 단기 선교팀의 파워와 성령의 역사는 대단했다. 최창훈 담임목사님이 직접 60여명의 단기팀을 복음의 최정예 부대로 만들어 왔다. 전문의로 구성된 진료팀, 태권도팀, 글 없는 전도법의 영어 전도팀, 인도어로 찬양의 물결을 이끈 전상영 장로님과 찬양팀, 그리고 몸과 부채로 찬양한 워십전도팀, 이들은 인도 사람들의 영혼을 사로잡았다. 이들이 지나간 오릿사의 하이드라바드교회, 에이즈 센터 등 인도의 현장에는 사랑과 복음이 넘쳐났다.

선교의 길은 너무나 험하고 힘든 길이지만, 이 길 뒤에 역사하시는 주님의 손길이 더 크고 세밀함을 느끼게 하는 곳이 바로 인도 땅이었다. 이 척박한 땅이 밀알심장재단을 받아들이기에는 힘들겠지만 나는 조금씩, 조금씩 힌두와 이슬람의 심장에 예수의 심장이 뛰게 하리라고 결심했다.

인도 선교 현장에 나타난 하나님의 기적

인도의 환경은 매우 열악하다. 손으로 먹고, 질서도 없고, 비행기는 연착되고, 공항 리무진은 동네 깡패들에 의해 도로에서 멈춰서고, 국제공항에 도착하자마자 거지 아이들이 떼로 몰려들어 돈을 달라고 하고….

"하나님, 이 땅에 당신의 기적을 베풀어 주옵소서!"

온 땅이 이슬람과 힌두 문화로 뒤덮여 있었다. 모든 집들이 제사로, 꽃과 요란한 기도 소리로 귀를 어지럽힌다. 기차는 승객들이 내리고 있는데도 떠나서 사람들이 달리는 기차에서 뛰어내리고, 소들이 사람보다 더 대접을 받는다. 그 한 편에서는 짐승보다 못한 생활을 하는 사람들의 비참한 풍경이 펼쳐진다. 길거리에는 좀 더 많은 구걸을 하기 위해 한쪽 눈을 일부러 망가뜨리고, 다리를 절단하거나 손을 절단하며, 아이를 거리로 내모는 부모들이 있다. 그런 모습을 보면서 나는 주님의 나라가 이 땅에 빨리 와야 한다고 느꼈다.

"주여! 이 땅에 복을 내려주소서. 부자들은 엄청난 부를 누리고 있지만, 가난한 자들은 스스로 일어날 힘조차 없고, 빈곤과 질병으로 고통받는 민족입니다. 주여! 이곳이 주님의 심장이 뛰는 백성들의 땅이 되게 하여 주옵소서."

인도에서는 기독교 선교사들이 환영을 받지 못한다. 오히려 수녀가 인정을 받고, 요가나 명상을 가르치는 수도사들이 더 환영을 받는 나라다. 내 생각에는 테레사 수녀와 간디의 영향력 때문이 아닌가 싶다. 이들은 인도에 교회를 세우거나 선교 활동은 하지 않았지만, 어려운 자들과 함께 나누고 먹으며 헌신과 봉사의 삶을 살았다. 이런 삶이 인도인들을 감동시켰고 인도인들의 사랑을 얻게 되었던 것이다.

나는 이제 인도에 밀알의 사랑과 헌신을 심고자 한다. 그리고 하나님의 기적을 기대한다. 우리가 수술한 다니엘 목사님을 중심축으로 이 사진을 조직하고, 임권동 사무총장과 최종호 선교사와 함께 인도 밀알을 위해 뛰고 있다. 나의 이번 방문의 목적은 인도 밀알심장재단의 사무실을 구하고 정부로부터 허가를 얻는 것이다.

선교사들은 인도 정부의 일처리가 생각만큼 빠르지 않고 1~2년 이상 걸린다고 알려주었다. 하지만 내가 갖고 있는 시간은 많지가 않았다. 하나님이 반드시 5일 안에 해결을 해주셔야 했다.

"믿습니다, 주님!"

하나님은 그러나 그 모든 것을 나보다 먼저 세밀하게 준비해 주셨다. 그 연결고리는 박 사장님이었다. 박 사장님은 원래 한국에서 큰 제약회사를 운영하셨던 분이다. 하지만 정년퇴임을 하고는 인도에서 의료기 사업을 하고 있었다. 그분이 우리를 점심 식사에 초대했다. 내 생각에는 한국에서 심장재단 대표가 왔다고 하니 나이가 많은 사람인 줄 알고 우리를 집으로 초대했던 것 같다. 회사에 출근도 하지 않고 우리를 기다리고 있었다.

나를 보더니 다소 실망하는 눈치였다. 나이도 젊고 키도 작은 사람이 심장재단 대표라니 그럴만도 했다. 나는 식사 전에 밀알심장재단을 소개하고 내가 인도에 온 이유를 설명했다. 식사 기도는 내가 했는데, 최대한 축복을 해주었다.

그런데 기도가 끝나자마자 박 사장님이 내게 하이드라바드에서 가장 큰 정부 병원의 원장과 만나도록 해주겠다는 것이었다. 병원장이 정치인이기에 현재의 보건복지부 장관도 바로 만날 수 있다는 것이었다. 내가 아무런 부탁도 하지 않았는데 자청해서 도와주겠다고 나선 것이다. 나는 그것이 하나님의 역사임을 느낄 수 있었다. 박 사장님과 나는 다음날 아침 10시에 병원에서 만나기로 하고 헤어졌다.

다음날 나는 하이드라바드 병원에서 병원장과 실무자들을 만났다. 우리의 방문 목적을 이야기하고 병원의 협조를 부탁했다. 병원 측에서는 회의를 걸쳐 긍정적으로 결론을 내려주겠다고 말했다. 그것뿐만이 아니었다. 지금 바로 하이드라바드 보건복지부 장관을 만나게 해주겠다는 것이었다. 그러면서 우리가 가지고 온 차로는 30분 이상 걸리기 때문에 병원 차를 내서 우리 일을 도와주겠다고 말했다.

할렐루야! 병원 차로 가면 10분이면 간다는 것이었다. 나와 임권동 선교사, 박 사장님이 차에 올랐다. 병원 차가 출발해서 거리에 나서자 신호등이 모두 파란불로 바뀌었다. 정치인이 병원장이다 보니 경찰의 협조가 이루어지는 것이다.

보건복지부 장관을 만나러 건물로 들어서니 입구에 총을 든 경비가 서 있었다. 경비는 매우 삼엄한 편이었다. 폭탄 테러의 위협 때문이었다. 안내를 따라 안으로 들어가니 보건복지부 장관이 우리를 맞이해 주었다. 마침 장관은 인도 현지 텔레비전 기자들과 인터뷰를 하고 있었다. 기자들에게 한국에서 온 심장재단 대표와 일행이라고 소개하니 방송국 측에서 바로 인터뷰를 하자고 요청했다. 하나님은 이렇게도 역사를 하셨다.

나는 장관에게 밀알의 사역을 소개하고 인도 정부의 협력을 강력하게 요청했다. 저 먼 대한민국에서 이 민족의 고통 받는 사람들을 돕기 위해 왔으니 수술비의 50퍼센트를 지원해 달라고 요구했다. 그런데 장관은 우리의 이야기를 다 듣고는 적극적으로 도와주겠다고 약속했다. 전혀 예상치 못했던 대답이었다. 하나님의 기적이 일어난 것이다.

나는 그런 다음 병원장에게 수술비의 25퍼센트를 병원에서 지원해

달라고 요구했다. 그러자 병원장도 선선히 그렇게 하겠다고 대답했다. 모든 것이 하나님의 역사하심이었다. 그것뿐만이 아니었다. 하나님은 우리를 현지에서 한국 기업을 운영하는 어떤 사장님과도 연결시켜 주셨다. 그 사장님은 주사기를 만드는 회사를 운영하고 있었는데, 수술 재료비와 제약회사 후원을 이끌어주기로 약속했다.

하나님은 우리를 정확히 네 배로 축복해주셨다. 1,000만 원에 이르는 수술비가 250만 원으로 내려온 것이다. 할렐루야! 그런데 장관이 돈의 지출 문제는 차관이 집행하기 때문에 바로 차관에게 전화를 할 터이니 당장 차관을 만나보라고 했다. 1~2년 걸려야 하는 일이 순식간에 모두 이루어졌다. 나는 속으로 계속해서 "할렐루야!"를 외쳤다. 성령의 바람이 부니 인도의 보건복지부가 일사분란하게 움직이기 시작했다.

모든 것이 너무 급박하게 진행되고 있었다. 나는 짧은 시간에 많은 일을 진행시켜야 했기 때문에 정신이 하나도 없었다. 그런데 하나님은 좋은 사람들을 만나게 해주셨고, 가장 좋은 스폰서를 붙여 주셨다. 하나님의 기적이 이 땅 인도에도 예비되고 있었다. 나는 볼품없고, 키도 작고, 능력도 없고, 어려 보이지만 든든한 임권동 사무총장과 오랫동안 전 세계를 돌며 사업을 해서 풍부한 경험을 갖고 있는 박 사장님을 예비시켜 주셨다. 이뿐만이 아니었다. 인도 텔레비전이 직접 우리를 인도 국민들에게 소개해 주었다. 이 방송은 인도 전역에 우리나라와 밀알심장재단을 알리는 좋은 계기가 되었다. 우리에게 늘 좋은 것만 베풀어주시는 참 좋으신 하나님!

그런데 모든 것이 다 순조롭게 진행이 되었는데 정작 최종 계약은 이루어지지 않고 있었다. 인도에서의 일정이 거의 끝나가고 있는데, 인도 정부와 병원으로부터 제일 중요한 계약서 서명을 받지 못했던 것이다. 나는 몹시 초조했지만 하나님께 맡기기로 했다. 그런데도 마음 한구석으로는 여전히 걱정이 되었다.

하지만 하나님은 언제나 틀림없는 하나님이셨다. 내가 인도에서 한국으로 귀국하기 위해 그곳 사람들과 마지막으로 저녁 식사를 함께 나누고 있는데 인도 정부와 병원에서 협력을 약속한 공문을 보내왔다. 할렐루야! 물론 최종 계약서는 아니었지만 그 공문으로도 충분한 효과를 얻을 수 있었다. 급박한 일정 속에서도 한결같이 역사하신 하나님께 감사를 드렸다.

인도 방문은 선교가 기도의 무릎과 눈물과 물질의 헌신으로 이루어짐을 다시 한 번 확인하는 계기가 되었다. 나는 이렇게 작고 연약한 밀알을 기적의 주인공으로 세우시고, 예수를 알지 못했던 박사님을 나의 후원자로, 임권동 선교사를 나의 안내자로 세워 하나님의 일을 성취케 하신 하나님의 은혜에 감사를 드렸다. 모든 것에 실수가 없는 하나님은 내가 순종만 하면 더 큰 일을 이루어주실 것으로 믿는다.

인도의 심장을 변화시켜라

인도에서 가장 존경 받는 지도자는 간디이다. 그 다음은 테레사 수녀다. 이들은 모두 약한 자, 병든 자들과 함께 한 지도자였다. 그런데 2,000년의 역사를 가진 기독교 지도자는 인도에서 인정을 받지 못하고 쫓겨나는 신세가 되었다.

나는 인도지역 목회자 모임에 가 보았다. 그곳에서 헌신하는 목회자들은 거의 대부분 나이가 많았다. 모임 장소는 감리교회였는데, 오랜 역사를 지닌 교회였다. 그런 교회였지만 교회 건물은 비둘기들이 집을 짓고 무리를 지어 날아다닐 정도로 방치되어 있었다. 무엇을 말하는가? 인도 내에서 기독교가 차지하는 위상을 보여주는 풍경이었다.

나는 그곳에서 한국 교회와 지도자들을 위해 기도했다.

"하나님, 교회만 웅장하고 권위만 있는 목회자 되지 않게 하시고, 국민들과 함께 아파하고 국민들과 함께 하는 목회자들이 되게 하옵소서."

영국이 인도를 통치하던 그 100여년의 시간 동안 많은 서구의 선교사들이 인도에 와서 복음을 심고 큰 교회들을 세웠다. 하지만 인도는 힌두교와 이슬람의 성지가 되었다. 나는 이런 역사를 보면서 많은 것을 깨달았다. '중요한 것은 교회당(건물)이 아니다!' 영국 선교사들이 세운 교회들은 텅 빈 창고가 되어 있었다.

그러나 테레사 수녀가 헌신한 곳은 사람들로 넘쳐나고 있었다. 테레사 수녀는 성당을 짓지 않았지만 폭발적인 영향력을 행사하고 있었다. 그 결과가 비자 문제다. 인도에서 수녀들은 쉽게 비자를 받는다. 하지만 선교사 비자는 없다. 중요한 것은 외형이 아니다. 교회는 건물이 아닌 것이다. 우리의 옳은 행실을 보고 돌아오게 만들어야 한다. 선교는 교회를 세우는 것이 아니라 그 나라 백성들을 안고 함께 슬퍼하며, 함께 즐거워하고, 함께 사는 것이다.

나는 인도에서 가장 영향력이 크다는 힌두교 교육 현장을 찾았다. 그곳에서는 매달 2,500여명의 인도 젊은이들이 교육을 받고 있었다. 힌두교에서는 아주 싼 학원비만 받고 교육을 제공하면서 젊은이들에게 전도하고 있었다. 그곳에서는 영어, 프랑스어, 힌두어를 가르치면서 동시에 그들의 교리도 가르치고 있었다. 그리고 무료 병원, 무료 급식소와 함께 명상, 요가, 지도자 개발 프로그램, 자기 개발 프로그램 등을 운영하고 있었다.

인도의 젊은이들이 그곳을 주목하고 있었다. 엄청난 파워였다. 그곳의 교리는 다원주의였다. 불교, 유교, 기독교, 힌두교의 좋은 것만 따가지고 와서 요가와 명상 수련에 사용하고 있었다. 가르침의 핵심은 인간관계에 있었다. 내가 변해야 사회가 변하고, 내가 닦여져야 남을 도울 수 있고, 그렇게 되면 신의 경지에 이르게 된다는 내용이었다. 그곳에서는 모든 종교가 하나이며 종교를 믿으면서 행실이 바르지 못하면 안 된다는 윤리적인 가르침을 전하고 있었다.

참석자들은 3개월에 걸친 교육 과정을 밟으며 자신이 변하고 가정이 변하는 것을 직접 체험하고 있었다. 그렇기 때문에 많은 젊은이들이 그곳으로 몰려들고 있었다. 인도의 기업과 개인들이 후원을 많이 해서 땅을 사고 사원을 짓고 병원도 짓고 건물도 지었다. 인도 내에서 이들이 갖는 영향력은 엄청난 것이었다.

인도를 보면서 한국 교회에도 이런 모델이 필요하다고 느꼈다. 사람들이 가면 변화하고 삶이 달라져서, 그래서 스스로 찾아오게 만드는 프로그램이 절실하다고 생각했다. 교회는 있으니 힘이 없고 영향력이 없어 멸시를 받는 모습이 가슴 아팠다. 비록 간디와 테레사 수녀처럼은 인정을 받지 못한다 할지라도, 저들의 죽어가는 심장이 예수의 심장으로 다시 뛰기를, 힌두교도와 이슬람교도들이 예수의 심장으로 새롭게 살아나기를 기도한다.

인도를 가슴에 품은 사람

한국인 청년 한 명이 주님의 말씀에 의지하여 척박한 인도 땅으로 들어갔다. 청년이 들어간 하이드라바드는 한국인이 전혀 없는 지역이었다. 이 청년은 목사도, 선교사도 아니었다. 하지만 이 청년은 황무한 인도를 바라보며 가슴이 뛰었다. 언어의 장벽도, 문화의 장애도 청년의 뛰는 심장을 멈추게 할 수 없었다.

이 청년은 현지에서 나름대로 사역을 하다가 다시 국내로 들어왔다. 사역을 하다 보니 신학적인 지식이 필요했던 것이다. 그래서 총신대 대학원에 입학해서 신학을 공부했다. 그리고 목사 안수까지 받고 다시 인도로 달려갔다. 그가 바로 임권동 선교사이다.

하지만 인도는 결코 만만한 땅이 아니었다. 인도 선교의 아버지 윌리엄 캐리도 인도에서 아내를 잃고 힘들어 하던 곳이다. 그러한 곳에서 묵묵히 선교 사역을 감당하는 임 선교사는 슈바이처보다 위대한 인도의 아버지다. 아니, 간다나 테레사보다 더 위대한 일을 하는 선교사라고 말할 수 있다.

먹을 것이 없는 자들에게 먹을 것을 주고, 가난해서 공부하지 못하는 자들에게 공부할 수 있게 해주고, 교회를 세우고 센터를 세워 인재를 양성하고, 그리하여 그들이 스스로 인도의 일꾼으로 성장할 수 있도록 전심전력을 다 하고 있다.

그런 임 선교사에게도 힘들고 어려운 일은 찾아 왔다. 말라리아로 죽을 고비를 넘기고, 교회를 세울 때는 독사들과 싸워야 했고, 결국은 댕기열에 걸려 사경을 헤매다가 급하게 한국으로 돌아와야 했다. 상태가 너무 심각해서 앉지도 못하고 누워서 돌아왔다.

선교사의 삶은 죽음을 향한 삶이지만, 수십 년을 인도에서 사역하고 남은 것은 병든 몸과 아픈 상처뿐이었다. 그런데도 임 선교사는 치료를 마치자마자 다시 인도로 돌아갔다. 자기가 죽을 곳이 인도이고 자기가 있어야 할 곳이 인도임을 아는 선교사! 그래서 오늘도 인도의 선교지는 복음의 심장으로 뛰고 있는 것이다.

헝그르졸과 잉크노민을 찾아서

나는 중국에서의 일정을 마치고 북경으로 향했다. 오후 4시 50분에 몽골로 가는 비행기를 타기 위해서였다. 북경 공항에서 몽골로 가기는 이번이 처음이었다. 오랜 시간을 기다려야 했다. 그런데 4시 50분 출발 예정이었던 비행기가 저녁 7시 30분으로 변경되었다. 몽골로 향하는 길은 참으로 기다림의 연속이었다. 하지만 나는 그 안에 하나님의 뜻이 있으리라 믿고 인내심을 갖고 기다렸다.

북경을 떠나 몽골에 도착한 것은 밤 12가 다 되어서였다. 공항 대합실로 나오니 현지 선교사님과 헝그르졸이 기다리고 있었다. 몇 년 만에 보는 헝그르졸이었다. 무척 반가웠다.

다음날 헝그르졸의 집을 방문했다. 헝그르졸은 2004년 한국에서 수술을 받고 지금까지 밀알이 몽골을 찾아와주길 기도하며 기다렸다고 말했다. 그 말에 나는 가슴이 찡했다. 무엇보다도 미안함이 앞섰다. 단순히 수술을 해주는 것으로 끝나는 게 아니고 이들을 양육하고, 비전을 제시해주고, 함께하는 마음이 더 중요함을 깨닫게 되었다.

헝거르졸은 다른 사람의 땅에 '게르'(몽골식 텐트)를 치고 살고 있었다. 아버지가 없어서 어머니가 헝그르졸과 동생을 키우고 있었다. 헝그르졸은 몽골의 울란바토르 대학 3학년(한국어과)이었다. 밀알에서 입학금을 보내긴 했지만, 이렇게 잘 성장해서 열심히 공부하고 있을 것이라고는 생각을 못했다. 헝그르졸은 몽골어와 한국어의 동시통역이 가능했다. 하나님께 감사를 드리지 않을 수 없었다. 헝그르졸은 또 교회를 출석하며 반주도 하고, 통역도 하고, 주일학교 교사도 하고 있었다.

몽골은 문호를 개방한 후 많은 발전이 있었다. 하지만 아직까지도 환경이 열악하고 모든 물자를 수입에 의존하고 있는 탓에 물가가 매우 비싼 편이었다.

한국의 선교사들은 몽골에 초등학교와 대학교, 신학교를 세워 몽골 아이들의 교육을 책임지고 있었고, 교회를 세워 새로운 지도자를 양육하고 있었다. 이러한 사역으로 인해 몽골 사람들은 한국에 대해 좋은 인식을 갖고 있었다. 몽골에 있는 연세친선병원에도 선교사들이 들어가서 사역하고 있었고, 이 병원의 부원장 역시 선교사였다.

나는 연세친선병원의 부원장을 만나 몽골의 심장병 환자에 관해 이야기를 나누었다. 부원장은 우리의 사역에 적극 협조해주기로 약속했다. 몽골에는 많은 심장병 환자가 있었지만 현지에서 수술이 불가능해서 어려움을 겪고 있었다. 그래서 몽골의 선교사들과 연세친선병원과 협력해서 몽골의 심장병 환자들을 한국으로 데려 오는 방안을 함께 연구하기로 했다.

몽골은 전쟁과 오랜 유목생활로 인해 인재가 없었다. 나는 밀알이 자라나는 젊은이들을 양육하여 이 나라의 지도자로 세워 몽골을 주님의 나라를 건설하는데 조금이나마 힘이 되었으면 한다. 넓은 초원에서 오직 말과 같은 짐승들과 함께 살아온 백성들, 미래에 대한 꿈이 없고 오로지 불교와 샤머니즘의 틀 속에서 살아온 백성들, 무엇이 옳고 그른지조차 알지 못한 채 개방의 바람 속에서 물질만능주의에 빠져들어 가는 저들에게 그리스도의 푸르름이 가득하시기를 기도한다. 그렇게 시작된 몽골 사역을 통해 밀알은 100명의 몽골 심장병 환자를 수술해줄 수 있었다.

이명박 대통령과 함께 한 몽골 행사

2011년 밀알은 몽골에서 100명의 심장병 환자 수술 기념식을 가졌다. 밀알로서는 무척 의미 있는 행사였다. 2004년 헝그르졸을 한국으로 초청하여 수술한 이래 꾸준히 몽골의 심장병 환자들을 한국으로 초청했다. 그렇게 계속된 사역이 어느새 100명의 심장병 환자를 수술하는 데까지 이른 것이다.

지난해에도 행사를 했었는데, 그때는 사람들이 많이 참석하지를 못했다. 하지만 이번 행사에는 많은 사람들이 참여할 예정이었다. 그래서 선물을 비롯해 많은 것을 준비했다. 행사를 위해서 경산 은혜로교회(황

성건 목사) 팀들이 수고를 많이 해주셨다.

행사는 은혜 가운데 성대하게 마쳤다. 울란바트라 시에서도 적극적으로 협조를 해주었다. 행사 당일에는 몽골의 모든 신문사와 방송사가 다 취재를 나왔다.

행사를 마치고 오후에는 울란바트라 시 초청으로 수석 부시장을 만났다. 부시장은 밀알이 몽골에서 이렇게 큰 일을 하고 있는데도 그동안 잘 알지 못했다며 미안하다고 말했다. 부시장은 앞으로 시 차원에서 도울 일이 있으면 무엇이든 도와주겠다고 약속했다.

그날 저녁 몽골의 뉴스 시간 내내 밀알심장재단 이야기가 주요 뉴스로 보도되었다. 행사 내용과 울란바트라 시에서 인터뷰한 것이 연속으로 나왔다. 다음날 한국 대사관으로부터 전화가 왔다. 이명박 대통령 일행이 몽골로 오는데 밀알심장재단도 함께 했으면 좋겠다는 이야기였다. 이명박 대통령은 의료 협력 문제로 보건복지부 장관과 함께 몽골을 방문할 예정이었다.

하지만 나는 수술 일정이 잡혀 있어서 그때까지 몽골에 머물 수가 없었다. 그래서 나 대신 헝그르졸이 행사에 참석하기로 하고 나는 일정대로 한국으로 돌아왔다. 그 이후 한국 대통령과 몽골 대통령, 몽골 보건복지부 장관과 한국 보건복지부 장관은 헝그르졸을 통해 밀알심장재단의 사역과 100명의 수술, 그리고 이번에 6명의 환자를 한국으로 초청해 수술한다는 이야기를 듣고는 모두가 놀랐고, 이 일을 계기로 몽골 정부가 한국 정부에 감사를 표하며 양 국 간의 협정이 잘 마무리 되었다고 한다.

나는 이제 밀알이 몽골뿐만 아니라 전 세계에 대한민국을 알리는 도구가 되길 소망한다. 그래서 모든 민족의 심장을 뛰게 하는 밀알이 되길 진심으로 기도한다.

감동의 베트남 체육대회

우리나라는 베트남에 많은 빚을 지고 있다. 베트남 전쟁 동안 우리나라 군인이 많은 베트남 사람들을 죽이고 상처를 주었다. 하지만 그들에게 사랑으로 다가간 한국 사람들도 많았다. 베트남 선교회에서는 현지에 병원을 세우고, 한인교회들이 많은 지원을 했다. 또 많은 선교사들이 의료 선교를 펼쳤고, 대우그룹에서는 이곳에 진출하여 베트남의 경제를 살렸다.

대우맨들은 베트남 사람들을 겸손하게 섬겼다. 그런 대우맨들을 향해 베트남 사람들은 가슴으로 다가 왔다. 대우맨들을 신뢰하다보니 대우에서 만든 물건들을 좋아하게 되었다. 더 나아가 한국에서 만드는 물건들도 좋아하게 되었다. 베트남의 개방정책과 맞물려 베트남은 전쟁의 상처를 딛고 한국을 받아들이게 되었다.

하지만 선교 현장으로서의 베트남은 무척 힘든 나라다. 돈이 되고 자국의 발전에 이로운 것이라면 무엇이든 받아들이지만, 선교 활동은 허용하지 않는다. 무엇이든 되는 것 같으면서도 안 되는 나라가 베트남인 것이다. 공산국가에서는 개인이 없다. 오로지 공산당만이 존재한다. 그래서 나는 베트남에 그리스도의 심장을 심기를 원한다. 이렇게 시작된 베트남 심장병 환자 수술은 100명을 채우게 되었다.

베트남의 심장병 환자를 처음으로 수술했을 때 나는 100명을 수술하면 베트남에서 행사를 하기로 했다. 그런데 정말로 100명을 수술하게 되었다. 그 약속을 지키기 위해 2009년 8월 나는 베트남을 방문했다. 흔히 선교지에서 보면 단기 선교팀들이 현지인들과 이메일을 보내겠다거나 한국으로 초청을 하겠다고 약속을 해놓고는 지키지 않는 경우를 많이 보게 된다. 이런 일이 반복되다보면 현지인들은 한국 교회를 신뢰하지 않게 된다. 한국 교회 교인들은 거짓말쟁이라고 생각하게 되는 것이다. 그래서 선교지에서 한 약속은 반드시 지켜야 한다.

그래서 베트남에서의 체육대회를 계획했는데 한국에서 우리와 동행하려는 팀이 없었다. 일단 광고를 했다. 해외에서 하는 행사에 참여할 교회나 단체, 개인들을 모집하는 일은 늘 하는 일이지만 언제나 쉽지 않은 일이다. 교회 차원에서 가면 교회의 지원을 받을 수 있지만 우리와 함께 가면 자신이 모든 경비를 다 부담해야 한다. 그 액수가 만만치 않고 교회에서 인정해주는 것도 아니어서 부담감을 많이 느끼는 것이다.

두 달 동안 급하게 모은 사람이 17명이었다. 여행사를 하는 집사님에게 월요일이나 화요일로 출발 날짜를 잡되 가능하면 화요일로 해달라고 했는데 문제가 발생했다. 나는 주일날 집회를 하고 월요일에 선물도 사고 행사 준비도 해서 베트남으로 출발할 생각이었다. 그런데 주일 저녁, 갑자기 월요일 아침에 출발한다고 통보해온 것이다.

전국에서 17명이 자원봉사팀으로 참여했다. 학생도 있고 직장인도 있었다. 모두들 화요일 출발하는 것으로 일정을 맞춰놨을 텐데 날짜가 하루 당겨지면 난처한 사람이 한 둘이 아닐 것이었다. 그렇다고 가만히 앉아 있을 수도 없었다. 밀알의 직원들이 밤 10시에 17명에게 전화를 걸었다.

그런데 놀라운 일이 벌어졌다. 그 17명이 모두 가겠다고 대답을 한 것이다. 진정한 믿음의 사람들이었다. 나는 그들을 향한 하나님의 축복을 기도했다.

다음날 아침, 공항에서 그들을 만났다. 그런데 대부분이 나를 보고도 제대로 인사도 하지 않았다. 나는 그 이유가 짐작이 갔다. 하지만 어쩌겠는가? 나는 그저 미안할 뿐이었고, 우리는 그렇게 베트남으로 출발했다.

그런데 그 다음날 하나님의 역사와 기적이 일어났다. 아침에 베트남의 숙소에서 식사를 하면서 뉴스를 보는데, 99년 만의 기록적인 폭우로 모든 비행기가 결항되었다는 소식이었다. 그 뉴스를 보면서 나는 절로 "할렐루야!" 소리가 나왔다. 만약 어제 오지 않고 화요일에 출발했더라면 우리는 결코 베트남에 올 수 없었을 것이다. 내일이 당장 행사인데, 그야말로 모든 것이 뒤죽박죽이 되어 큰 문제가 발생했을 것이다. 그 모든 것을 주님이 미리 아시고 우리를 하루 먼저 베트남으로 보낸 것이다. 하나님은 로마서 8장 28절 말씀처럼 모든 것을 합력하여 선을 이루시는 분이시다.

베트남은 이렇게 우리를 받아주었다. 우리는 20시간 이상 오토바이를 타고 온 아이들과 행복한 행사를 치렀다. 행사에 참여한 17명의 해외봉사단은 감동의 눈물을 흘렸다. 취재를 나왔던 기자들도 함께 눈물을 흘렸다. 행사가 진행되는 동안 매일 매일이 눈물의 바다였다.

베트남을 다녀와서

(이 글은 베트남 행사에 밀알과 동행했던 임권동 사무총장이 행사를 다녀온 후 쓴 소감문이다.)

언제부터인지는 모르지만 베트남을 한번 가보고 싶다는 생각이 있었습니다. 어린 시절, 동네 형님들이 들려주던 베트남 참전 실화를 통해 그 나라를 처음 알았고, 최근에는 많은 베트남 여성들이 한국인 신랑과 결혼하여 다문화가정을 이루며 살아가는 모습들을 보며 그 땅을 마음에 품게 되었습니다. 특별히 우리 밀알심장재단을 통해서 많은 베트남 아이들이 현지와 한국에서 심장 수술을 받고 건강하게 살아가고 있음을 알기에 직접 그들을 만나고 싶은 마음이 더욱 간절했습니다.

밀알심장재단 베트남 단기사역에 참여하는 50명의 지체들과 함께 김해공항을 출발해서 베트남의 호치민 공항에 도착하였습니다. 마중 나오신 선교사님 부부의 안내로 숙소로 들어오면서 도로를 가득 메우고 있는, 끝도 없이 이어지는 오토바이 행렬을 보며 드디어 베트남에 도착했음을 실감했습니다.

호치민 한인연합교회에서 가진 심장병 어린이 돕기 자선음악회는 은혜 가운데 진행되었고, 특히 수술을 받고 건강해진 아이들의 간증과 특별 찬양을 통해서 오늘도 땅 끝에서 일하시는 하나님을 경험하는 시간이 되었습니다.

그리고 한국인 의료팀이 주축이 되어서 의료사역을 하고 있는 동안 세계로병원에서 그동안 밀알을 통해서 수술 받은 아이들과 수술을 대기하고 있는 환자들을 만나서 그들을 위한 작은 운동회를 마련했습니다. 운동회에 참여하기 위해서 10시간 이상을 오토바이를 타고 달려온 환자들과 가족들 그리고 단기팀과 현지에서 섬기시는 병원 관계자들이 함께 하나가 되는, 기쁨이 가득한 시간이었습니다.

운동회를 마친 후에는 함께 베트남식 식사를 나누고 돌아가는 모든 어린이들에게 정성스럽게 준비한 선물도 나누어주었습니다. 선물을 받은 아이들은 모두 감사의 인사를 잊지 않았습니다. 운동회에서 만났던 천진난만한 얼굴의 아이들과 가족들의 웃는 얼굴이 지금도 잊혀지지가 않습니다.

베트남을 다녀와서 그들을 마음에 품고 기도합니다. 아직도 많은 아이들이 숨을 헐떡이며 타는 목마름 가운데 줄지어서 수술을 기다리고 있습니다. 더욱 안타까운 것은 경제적인 문제와 심장병을 수술할 수 있는 시설을 갖춘 병원의 부족으로 수술 시기를 놓치고 있는 많은 어린이들이 있다는 사실입니다. '와서 우리를 도우라'고 외치는 그들의 절규가 오늘도 마음을 울리고 있습니다.

하나님은 오늘도 이 일을 함께 할 사람들을 찾고 있습니다. 밀알과 한 가족이 되어서 그 땅과 그들의 필요를 보고(Vision), 아픔과 연약한 것들을 함께 느끼며(Compassion), 사랑으로 그들을 치유하고, 예수의 심장을 심어주며, 그 땅에서 멋진 하나님의 일꾼으로 세워지게 하는 일(Action)에 함께할 사람들이 필요합니다. 우리와 함께 저들의 가족이 되어주십시오.

2010년 8월, 임권동 선교사

캄보디아 소년, 폰소피아

2005년, 밀알은 익산 고현교회 최창훈 목사님, 봉사팀과 함께 구정 주간에 캄보디아로 봉사를 나갔다. 많은 준비와 많은 기도 속에 도착한 캄보디아였지만 사역은 그리 쉽지가 않았다. 봉사팀의 봉사뿐만 아니라 무료 진료와 성경학교, 저녁집회가 그리 평탄하지 않았다. 물론 모든 선교지가 쉬운 곳은 없지만, 특히 캄보디아는 더 어렵고 힘들었다.

캄보디아는 전통적인 불교국가로 기독교를 알리기가 쉽지 않았다. 마을마다 절이고 동네마다 우상이었다. 그런 곳에서 밀알심장재단의 사역이 시작되었다.

한 마을에서 무료 진료를 하던 중 폰소피아라는 아이를 발견했다. 심장병을 앓고 있었지만 치료를 받지 못하고 있었다. 주민들이 교회가 들어오는 것을 반대하고, 선교사가 없는 지역이라 복음을 전하기가 매우 힘든 지역이었다. 그런데 하나님이 이 아이를 보낸 것이다.

우리는 이 아이를 한국으로 데리고 와서 수술해주기로 했다. 주민들은 대신 그곳에 교회를 세울 수 있도록 허락해주었다. 심장병 환자 한 명으로 인해 그 지역에 교회가 세워질 수 있게 된 것이다.

우리는 폰소피아를 한국으로 초청하기 위해 백방으로 노력했다. 노력이 결실을 맺어 마침내 2006년 폰소피아를 한국으로 초청했다. 그리고 백병원에서 수술을 받을 수 있도록 스케줄을 잡았다. 그 사이 아이의 아버지는 불의의 사고로 세상을 떠나고 아이의 어머니가 혼자 아이를 데리고 왔다. 처음으로 캄보디아에서 환자를 초청하는 일이라 많은 어려움이 있었지만 많은 분들의 도움과 한국 대사관의 협조로 무사히 데려올 수 있었다. 방송과 신문들도 이 일에 관심을 가지고 보도를 많이 했다.

그런데 문제는 병원에서 일어났다. 아이가 환자복을 입지 않으려고하는 것이었다. 폰소피아는 캄보디아에서 옷도 입지 않고, 신발도 신지않은 채 살아왔다. 물론 요즈음은 그렇지 않지만, 당시에는 캄보디아의어린이 대부분은 옷을 입지 않았고 신발도 신지 않았다. 그렇다보니 병원이 난리가 났다. 환자복을 입히려고 하니 아이가 울고 떼를 썼다. 모든 간호사들이 아이를 달래느라 힘겨워했다.

그것뿐만이 아니었다. 따뜻한 나라에서 한국으로 온 아이의 어머니는 폐렴에 걸렸다. 그래서 아이와 함께 생활하지 못하고 다른 방에서치료를 받아야 했다. 참으로 난감한 상황이었다.

덕분에 캄보디아의 한우수 선교사님이 너무 고생을 많이 했다. 선교사님도 이런 일은 처음이어서 어찌할 바를 몰라 했다. 간호사들은 내게 "회장님, 캄보디아 아이를 데려오지 말고 베트남 아이를 데려와 주세요. 베트남 아이들은 말을 잘 듣는데 캄보디아 친구들은 힘들다"고불평을 털어놓았다.

나도 할 말이 없었다. 아이가 옷을 입히면 벗어버리고 맨발로 뛰어다니니 침대가 엉망이 되었다. 그뿐이 아니었다. 소변을 그냥 침대에서보았다. 그러다보니 매일같이 시트를 갈아야 했다. 정말 힘든 일이었다.

이러한 우여곡절과 주변 사람들의 수고 가운데 폰소피이는 무사히수술을 받고 캄보디아로 되돌아갔다. 그 아이로 인해 불교의 나라 캄보디아에 처음으로 밀알의 씨앗이 뿌려졌고, 마을에는 약속대로 이 가정을 중심으로 교회가 세워졌다.

필리핀의 심장에 눈물을

내가 어렸을 때는 새마을 운동이 전 국민적인 운동으로 전개되었다. 그때 구호는 "잘 살아보세, 잘 살보세, 우리도 한번 잘 살아보세"였다. 또 새마을의 노래도 많이 불렀다. "새벽종이 울렸네 / 새아침이 밝았네 / 너도나도 일어나 새마을을 가꾸세 / 살기 좋은 내 마을 우리 힘으로 만드세."

이런 노래를 부르며 우리는 아침 일찍 일어나서 청소를 했다. 당시 경제 개발 5개년 계획을 세우고 새마을 운동을 실천했을 때 박정희 대통령은 국민들에게 필리핀만큼만 잘 살자고 말했다. 그때 필리핀은 우리나라보다 훨씬 잘사는 나라였고, 아시아에서는 처음으로 국제 비행기를 띄운 나라였다.

그런데 언제부터인가 상황이 역전되기 시작했다. 우리나라가 필리핀보다 경제적으로 부유해지면서 많은 사람들이 필리핀으로 이민을 가고, 장사를 위해 가고, 여행을 가면서 많은 문제들이 불거지게 되었다. 지금 필리핀의 국민들은 한국 사람들을 어떻게 생각할까?

내가 심장병 환자 수술을 위해 마닐라에서 병원장을 비롯한 필리핀의 지도자들을 만났을 때 그들은 이렇게 말했다. "한국 사람들이 없어졌으면 한다. 골프장, 술집, 마을마다 고함치고 사고치는 것은 다 한국 사람들이다." 그러면서 "도대체 언제부터 한국이 그렇게 잘 살게 되었다고 필리핀을 무시하나?"라고 물었다.

하지만 현지의 많은 한국인들은 생업을 위해 열심히 일하는 사람들이다. 생명이 걸린 위험한 현장에서 잠도 자지 못한 채 최선을 다하는 사람들도 있고, 힘들고 어려운 필리핀 사람들을 위해 헌신하는 기업가와 선교사들도 있다.

그런데 소수의 좋지 못한 사람들이 이런 한국인의 평판을 갉아먹는다. 좋은 것은 느리게 알려지지만, 나쁜 것은 빨리 퍼진다. 소수의 방종이 다수의 선행을 헛수고로 만들어버린다. 이런 상황이 나로서는 참으로 난감했다. 필리핀의 심장병 환자들을 수술시켜주고 이들의 심장에 예수 그리스도를 심기도 전에 이미 나쁜 인식의 벽에 부닥쳐버린 것이다.

나는 기도하며 주님의 지혜를 구했다.

"주님, 어찌해야 이들의 마음을 움직일 수 있겠습니까?"

그때 나는 부산의 UN군 묘지에서 필리핀 참전 군인들의 묘지를 본 것이 생각났다. 필리핀 지도자들의 이야기를 다 듣고 난 후 나는 이렇게 말했다.

"많은 한국인들이 필리핀에 와서 여러 가지 일들을 하고 있습니다. 어떤 사람은 돈을 벌기 위해, 어떤 사람은 공부하기 위해, 어떤 사람은 사업을 위해, 또 어떤 사람은 필리핀의 경제를 위해, 또 어떤 사람은 교육을 위해, 또 어떤 사람은 NGO 활동을 위해, 그리고 또 어떤 사람들은 보이지도 않고 힘든 지역에서 필리핀의 아이들과 함께 먹고 함께 살며 함께 눈물을 흘리기도 합니다. 그들은 바로 선교사들입니다.

내가 필리핀에 온 것은 필리핀이 우리나라보다 가난하고 어려운 나라이기 때문에 심장병 수술을 해주러 온 것이 아닙니다. 필리핀은 우리나라가 가장 힘들고 위급한 상황이었을 때 필리핀의 젊은이들이 피를 흘리고 목숨을 바쳐 우리나라의 자유를 지켜준 참 친구의 나라이기 때문에 온 것입니다. 그때 우리가 진 빚을 갚기 위해 여기에 왔습니다. 그러니 친구로서 우리의 손을 잡아 주십시오. 그러면 나는 당신들과 손을 잡고 100명의 심장병 환자들을 수술하겠습니다. 서로 믿으며 함께 아름다운 필리핀을 만들어 가면 좋겠습니다."

내가 그렇게 이야기하자 어떤 필리핀 의사들은 눈물을 흘렸다. 주님이 나를 통해 필리핀 지도자들과 의사들의 마음을 어루만지신 것이다. 주님이 나를 통해 그 사람들의 심장에 뜨거운 눈물을 부어주신 것이다. 그렇게 시작된 것이 필리핀 밀알심장재단 사역이다. 필리핀의 친구들에게 눈물의 심장을 심으며 말이다.

한 명의 희생으로 열린 100명 수술의 길

2007년 7월, 한 교회에서 캄보디아의 심장병 환자를 돕고 싶은데 수술비가 없다고 연락을 해왔다. 그래서 우리가 수술비를 대주겠다고 말했다. 이렇게 시작된 캄보디아의 2차 심장병 수술은 '대형사고'를 쳤다.

이 교회의 집사님이 가천대학교 길병원의 의사였는데, 길병원 측에서 설립 50주년이라며 우리와 공동으로 사역하기를 원했다. 그러면서 한 명만 수술을 하지 말고 6명을 수술하자고 요청해왔다. 부담은 되었지만, 일단 수술비를 대겠다고 약속을 한 터라 일단 그렇게 하자고 했다. 여기에 KBS한국방송이 참여를 하고 길병원의 모든 수술팀과 신문사가 동행을 했다.

캄보디아의 현지 병원은 프랑스에서 지원하여 설립한 병원이었다.

모든 수술 준비물은 길병원에서 준비해갔다. 현지 병원에서는 수술 장비와 침대만 빌리면 되었다. 심지어는 장갑, 옷, 주사기까지 다 준비해 가지고 갔는데, 캄보디아 병원에서는 수술비를 많이 요구해왔다. 모든 일을 코이카(KOICA)에서 파송된 분과 한국 선교사님이 준비해 주었는데 결코 쉬운 일이 아니었다.

한국 의사들이 캄보디아에 들어와서 처음으로 심장병 환자를 수술하는 역사적인 사건이었다. 프랑스의 의사가 들어와서 캄보디아 아이들을 수술한 적은 있었지만, 한국 의사가 들어와서 수술하는 것은 역사상 처음이었다. 그런데 이야기를 들어보니 수술이 복잡했던 환자 8명이 현지에서 수술한 후 모두 죽었다는 이야기를 들었다.

이번에 수술할 환자 중 3명은 수술하기가 까다로운 환자였다. 모험이었다. 확률이 50퍼센트밖에 되지 않으니 보통 난감한 일이 아니었다. 의사들과 수차례 토론도 하고 함께 고민도 했다. 그 가운데는 정말로 힘들고 어려운 환자가 한 명 있었다. 나는 "이 환자는 수술하면 안 된다. 사망할 수도 있다"고 말했다. 의사들도 쉽게 결정을 내리지 못했다. 이번에 수술을 하지 못하면 그 아이는 영원히 수술을 할 수 없었다. 그렇다고 수술을 하려니 수술 중에 죽을 위험성이 너무 높았다. 그야말로 진퇴양난이었다.

고민 끝에 결국은 수술하기로 결정했다. 그런데 수술 후에 아이에게 문제가 발생했다. 그 문제 때문에 수술한 아이의 심장을 닫을 수가 없었다. 우리가 캄보디아를 떠나는 순간까지 상황은 나아지지 않았다. 우리는 최후의 수단으로 의사 한 명과 기자 한 명을 남겨두고 나머지는 한국으로 돌아왔다. 그 아이는 얼마 후 천국으로 갔다.

한국 의료진이 캄보디아에서는 처음으로 심장병 환자 6명을 수술했다. 그 가운데 한 명은 살아나지 못하고 저 세상으로 떠났다. 그 한 명의 죽음이 한 알의 밀알이 되어 앞으로 5년간 100명의 캄보디아 심장병 환자 수술을 하기로 캄보디아의 보건복지부 차관과 협약을 체결했다. 그런 성과를 거두기는 했지만, 캄보디아에서의 일정은 너무도 힘들었다.

무엇보다도 불교국이다 보니 헌혈을 하면 죽는 줄 알고 헌혈을 하지 않았다. 그러다보니 수술할 때 피가 부족해 한국의 단기팀을 불러 헌혈을 하고, 그것도 모자라서 수술하는 의사와 간호사, 캄보디아의 한인들까지 50여명이 헌혈을 해야 했다. 어려운 일이었지만, 모두들 한 생명을 살린다는 생각에 즐거운 마음으로 동참했다.

이러한 수술진과 한인들의 헌신하는 모습에 현지인들이 놀랐다. 현지 텔레비전은 수술 과정을 촬영하여 방송으로 내보냈다. 캄보디아 한인회 회장은 "이번 일을 통해 지난번 캄보디아 비행기 사고로 캄보디아 국민들이 보여준 사랑에 조금이나마 갚는 길이 되었다"며 감사를 전했다.

나는 지난해 밀알이 수술해주었던 폰소페이의 집을 방문했다. 폰소페이와 이번 6명의 수술로 앞으로 10년, 20년이 지나면 그 밀알에서 열매가 맺혀 30배, 60배, 100배로 성장할 것을 기대하며 심장이 뛰었다. 나는 수술 전에 환자와 가족 그리고 의사들과 함께 예배를 드리며 그들에게 이렇게 말했다.

"한국에서 여러분을 돕는 후원자들은 잘사는 사람들이 아닙니다. 지금도 시장에서 장사하며 하루하루를 살아가는 사람들, 장애우를 둔 부모, 불치의 병에도 오히려 감사하며 헌금을 드리는 사람들, 자녀의 생명을 헌금한 사람들입니다.

저는 이러한 돈으로 수술을 받는 여러분의 자녀가 이 땅에서 수상, 국회의원, 의사, 목사와 같은 위대한 일꾼으로 자라날 것을 믿습니다. 이 일을 위해 저는 한국에서 이곳 캄보디아까지 왔습니다. 이번 수술이 힘들고 어렵지만 한국의 많은 분들이 이번 일을 위해 기도하고 있습니다. 힘을 내시고 주님께 기도하시기 바랍니다.

여러분은 예수님을 잘 모르지만, 한국에서 온 목사와 선교사님들이 믿는 예수님에게 우리의 아들과 딸을 살려달라고 기도하십시오. 그러면 우리 주님이 여러분들의 소원을 이루어주실 것입니다."

캄보디아의 문을 열고 우리의 사역이 시작되었다. 이제 7명의 어린이로 시작이 되지만 그 아이들이 이 민족을 바꿀 위대한 일꾼으로 성장할 것을 나는 믿는다.

얼마 전 캄보디아 국회에서 전도를 금하는 법을 통과시켰다. 통일교를 비롯한 이단들의 잘못으로 선교의 문이 닫힌 것이다. 이러한 가운데 캄보디아 한인선교협의회 회장이신 명성교회 김병교 선교사님은 "밀알심장재단의 사역이야말로 선교사들에게 큰 힘이 될 것"이라고 말했다. 세계 선교의 문이 닫히는 지금, 밀알의 사역은 불교, 천주교, 이슬람, 힌두교를 초월하여 죽어가는 그들의 심장에 예수 그리스도의 심장을 심고 있다.

삶과 죽음의 기로에서

　나는 심장병 환자 문제로 캄보디아의 시엡림을 걸쳐 프놈펜으로 가야 했다. 주변 사람들은 바로 프놈펜으로 갈 것을 권고했다. 하지만 바로 프놈펜으로 가면 일정은 짧아지지만 차로 이동하는 시간이 많아져서 일정에 차질이 생긴다.

　나는 주님을 의지해 시엡림으로 가기로 했다. 그곳의 심장병 환자를 만나는 것이 일차적 목표였다. 나는 "죽으면 죽으리라"고 나 자신에게 말했다. 그렇게 말한 것은 내가 타야 하는 비행기가 일주일 전 기체 고장을 일으켜 산에 추락한 비행기와 똑같은 기종이었기 때문이다. 그 사고로 많은 한국인과 캄보디아 사람들이 죽었다. 그러니 누가 그 비행기를 타려고 하겠는가?

　시엡림에서의 일정을 마무리하고 나는 프놈펜으로 가는 비행기에 올랐다. 작은 프로펠러 비행기였다. 수용 인원이 작은 비행기였는데, 사고 직후라 승객은 더욱 적었다. 한국인 승객은 나와 집사람 단 둘뿐이었다.

　비행기가 시동을 걸자 엔진 소음이 얼마나 큰지 귀가 먹먹할 정도였다. 그런데 그것은 문제도 아니었다. 조금 있으니 에어컨을 틀어주는데 머리 위에서 찬바람이 아니라 하얀 수증기가 내려왔다. 정말 황당한 비행기였다. 나는 눈을 감고 기도했다.

　"주여, 주의 일을 이루게 하옵소서."

　다른 말이 필요 없었다.

　비행기가 시엡림을 출발하여 중간 정도 왔을 때다. 비행기가 갑자기 휘청휘청하다가 강한 비바람을 맞으며 급하게 하강했다. 기내 방송으로 무엇이라고 안내 방송을 했지만 캄보디아 말이라 알아들을 수가 없었다. 사람들의 날카로운 비명소리가 터져 나왔다. 짐과 사람이 한쪽으로 밀리고 아이들은 울고 난리가 났다.

"주여, 저희를 지켜 주옵소서, 주여!"

이 말 밖에는 다른 할 말이 없었다.

비행기가 잠시 후 수평을 회복했는데, 창밖으로 보니 바로 논 위를 날고 있었다. 강한 비바람으로 상승을 하지 못한 채 지상 가까이 내려앉아 날고 있었다. 밖은 바로 앞이 보이지 않을 만큼 안개가 끼고 비바람이 몰아치고 있었다. 순간, 바로 이런 상황에서 바로 앞에 산이 나타나면 충돌해서 모두가 죽는 거구나 하는 생각이 들었다.

그래도 나는 우리 주님이 지켜 주실 것을 믿었다. 왜냐하면 '사명이 있는 자는 하나님이 결코 데려가시지 않는다'는 것을 알고 있었기 때문이다.

정말 그렇게 어찌 어찌하여 프놈펜까지 왔다. 비행기가 프놈펜 공항에 도착하자 나는 오직 "주여" 한 마디만 했다. 사실 나는 비행기가 프놈펜 공항에 도착할 때 이스라엘 사람들처럼 만세를 세 번 부르고 싶었다. 그런데 캄보디아 사람들은 공항에 도착하자 박수를 쳤다. 나는 우리 하나님께 진심으로 박수를 올려 드렸다.

"하나님 감사합니다."

프놈펜의 한국인 선교사님들이 공항으로 마중을 나오셨는데 나를 보자마자 "괜찮으냐?"가 인사였다. 정말 하나님의 은혜였다. 어떻게 공항까지 무사히 올 수 있었는지 잘 모른다. 캄보디아에서의 사역은 그야말로 목숨을 걸어야 하는 일이었다.

돌아오는 날, 우리는 똑같은 비행기를 타고 시엡립으로 가야했다. 그런데 단기팀으로 들어온 의사들과 청년들은 캄보디아 국내 비행기는 절대 타지 않는다는 서약서를 쓰고 캄보디아로 왔다는 것이었다. 하지만 어쩌겠는가? 다른 방법이 없는데! 우리는 또 다시 프로펠러 비행기를 타고 시엡립으로 향했다. 비행기에 오르는데 그 어느 때보다도 기도가 간절했다.

우리는 무사히 시엡립에 도착했다. 나는 곰곰이 생각해 보았다. 비록 비행기 때문에 경험하게 된 것이지만, '세상일이란 믿는 것만큼 평안을 누리는구나' 하는 생각이 들었다. 그렇다면 나는 과연 하나님을 얼마나 믿고 있는가? 우리는 하나님을 믿는 만큼 이 땅에서 참 평안을 누릴 것이다.

사찰 7개의 마을에 교회가 세워지다

캄보디아 사역에 많은 축복과 은혜가 넘쳐난다. 먹을 것이 없고, 입을 것이 없는 사람들이기에 심장병 수술은 꿈도 꾸지 못한다. 수술이 아니라 병원에 와서 검사도 하지 못하는 사람들이 더 많다. 그런데도 선교사님들이 학교를 세우고 병원을 세워 이들을 돌보지만 쉽게 감사를 표현하지 못한다. 생각해보면 그 또한 가난하기에 감사를 표현하지 못하는 것 같다.

사람은 태어나면서부터 받는 것에 익숙해 있다 보니 받은 것에 쉽게 감사하지 못하는 것이다. 감사하는 것도 배워야 한다. 캄보디아뿐만 아니라 많은 나라에서 심장병 환자를 수술하면서 느낀 것이다. 감사는 가르쳐야 하고 계속 노력해야 가능하다. 작은 일에 감사하는 자가 큰일에도 감사할 수 있는 것이다. 그래서 주님은 "작은 일에 충성하는 자가 큰일에 충성할 수 있다"고 말씀하셨다.

우리는 캄보디아에서 수술을 하면서 아이의 부모님들에게 무엇을 바라지 않는다. 다만 원하는 것은 선교사님들에게 순종하고, 하나님을 만나고, 아이를 이 나라의 위대한 지도자가 될 수 있도록 공부 시키기를 바라지 그 외에 우리를 위해 뭔가를 하기를 바라지 않는다.

그렇게 대가를 바라지 않고 뿌린 우리의 정성은 놀라운 결실을 맺었다. 그곳은 교회는 하나도 없고 오직 일곱 개의 사찰이 있는, 일곱 개의 마을로 이루어진 섬 지역이었다. 그곳에서의 수술은 처음이었지만 하나님의 은혜로 수술이 잘 되었다.

수술에 들어가기 전에 나는 "당신 아들의 수술비는 한국의 돈 많은 사람들이 후원해준 것이 아닙니다. 하루하루를 힘들지만 예수님의 사랑에 감격하며 사는 사람들이 1,000원, 5,000원씩 헌금하고, 앞으로 수술을 받지 못하는 사람들이 자신의 수술비를 대신 헌금해서 당신의 아들을 살리기로 한 것입니다. 그러니 예수 믿으세요"하고 말했다. 그 말에 아이의 아버지는 많은 은혜를 받았다.

수술 후 담당 선교사님이 집을 방문하고 진도를 하니, 아이의 아버지는 교회는 가고 싶지만 교회가 없다고 말했다. 그래서 선교사님이 그럼 그 집으로 찾아와서 예배를 드려도 되겠느냐고 물었더니 그 아이의 아버지는 자신의 집을 교회에 드리겠다고 했다. 할렐루야! 수십 년간 선교를 해도 오직 받을 줄만 알았던 가난하고 힘든 캄보디아 사람이 자신의 집을 하나님의 일을 위해 드리겠다고 나선 것이다.

이렇게 캄보디아의 섬마을 집에서 교회가 시작되었고, 집 주인은 그 섬의 밀알심장재단 대표가 되었다. 나는 간절히 기도했다. 일곱 개의 절보다 교회가 더 많아지기를! 그렇게 교회가 시작된 지 얼마 되지도 않아 예수의 심장으로 예배를 드리는 교회는 주일학생 150명에 장년 60명이 예배를 드리는 교회로 성장했다. 이것은 정말 하나님의 기적이라고 밖에는 설명할 길이 없다. 예수의 심장으로 뛰는 그 섬을 바라보며 나는 너무도 행복하다.

깡패들도 막지 못하는 교회

선교지마다 종교의 문제로 힘들어 한다. 나도 어릴 때에는 믿지 않는 가정에서 교회를 나오다보니 늘 불안했다. 나뿐만이 아니었다. 예수를 믿지 않는 가정에서 교회 오는 아이들은 다 비슷했다. 아버지가 잡으러오고 형들이 예배를 방해했다.

캄보디아도 예외는 아니었다. 선교사님들이 교회를 개척하여 성도를 모으고 아름다운 교회를 세웠는데 늘 문제가 따라다녔다. 교회 공사를 할 때부터 괴롭히던 사람들이 동네 깡패를 동원하여 교회 앞을 가로막아 주일날 교회 오는 사람들을 집으로 돌려보내거나 폭행을 했다. 해결 방법이 없어 힘들어 할 때 동네의 심장병 환자가 교회를 찾아왔다.

우리는 심장병 환자 수술을 할 때 동네 이장과 면장, 경찰서장의 추천서를 받아오게 한다, 수술비는 한국의 선교사님이 일체 무료로 수술해주기로 한다는 것을 적고 반드시 추천서를 받는다. 죽고 사는 문제도 있지만, 우리의 사역은 복음을 전하기 위함이고 선교사님의 사역을 알려 도움을 요청하기 위함이다.

그 마을의 아이도 이렇게 하여 수술에 들어갔다. 그런데 그 소식이 알려지면서 마을이 움직이기 시작했다. 소문이 소문에 꼬리를 물고 사람들이 웅성거리기 시작했다. 경찰서장과 마을이장이 선교사님에게 전화를 걸고 아이가 살아나기를 바란다는 이야기를 했다.

수술은 은혜 가운데 마쳐졌고 아이는 무사히 퇴원을 했다. 그러자 마을에 변화가 일어났다. 이제까지 교회를 반대하던 경찰서장과 이장이 선교사님을 돕기 시작했고, 교회를 방해하던 깡패들에게 마을의 심장병 환자를 수술해주는 교회를 왜 못나가게 하느냐면서 교회를 돕기 시작했다. 한 명의 심장이 새롭게 뛰니 마을 전체가 변하기 시작한 것이다. 우리 한 사람의 심장이 뛰기 시작하면 마을이 변하고 민족이 변하고 세계가 변하기 시작할 것이다.

캄보디아 100명 수술 축하행사

① 몽골 심장병 환자 수술 100명 기념식(이명박 대통령과 함께)
② 몽골 울란바트라 수석 부시장과 함께
③ 캄보디아-프놈펜 심장센터와 협약(보건복지부 장관과 함께)

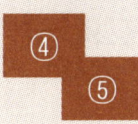

④ 필리핀 수술 협약 체결
⑤ 중국 병원 협약식

PART4

축복의
길

내가 밀알 사역을 시작한 지 25년이다. 나로서는 개인적으로 한계를 느낀다. 그래서 나의 뒤를 이어 전 세계로 밀알의 사역을 확산시켜 나갈 차세대 지도자가 필요하다. 지금부터 그런 사람을 준비시켜야 한다. 그래서 나는 수술 받은 환자들을 공부시키고 밀알심장재단의 일을 감당하게 한다. 나는 그들이 그 나라를 변화시키는 지도자로, 교수로, 목사로 성장하기를 원한다.

특히 우리가 들어가지 못하는 아프리카 오지에서도 심장병 수술이 이루어지고 그들에게 새로운 생명이 주어지기를 원한다. 그들의 심장이 예수 그리스도의 심장으로 뛰고, 그 마을이 그 민족이 새로운 심장으로 뛰기를 원한다.

고난이 내게 유익함이라

열심히 사역하는 중에 나에게 원치 않는 고난이 다가왔다. 병원에 종합 검진을 받으러 갔는데, 검사를 마친 의사가 나를 불렀다. 큰 병원으로 가야 한다는 것이었다. 혈압이 180에 120이고, 콜레스테롤 수치도 높았다. 십이지궤양이 있고 무엇보다 간이 좋지 않다고 했다. 너무 바빠서 몸을 돌보지 못한 탓이었다.

할 수 없이 종합병원으로 갔다. 그리고 간 검사를 했는데, 결과가 충격적이었다. 간암이라는 것이었다. 하늘이 노랬다. '암이라니…' 믿기지 않는 결과였다. 담당의사는 좀 더 자세한 것은 CT를 해봐야 알겠지만 초음파 검사의 결과로는 간암이라고 말했다.

세계에서 두 번째로 큰 슬럼가에 있는
인도 밀알심장재단 학교

나는 다른 종합병원을 찾아갔다. 그리고 다시 초음파 검사를 했다. 동일한 소견이 나왔다. 가슴이 철렁 내려앉는 기분이었다. 설마, 설마 했는데…. 더 이상 피할 구멍이 없었다. 할 수 없이 CT 촬영과 피 검사를 했다. 결과는 며칠 기다려야 했다. 기다리는 시간이 말할 수 없이 초조하고 답답했다. 내가 할 수 있는 일은 그저 기도하는 것뿐이었다.

며칠 후 병원을 찾았다. 결과를 보기 위해서였다. 차트를 보던 의사가 그나마 다행이라고 말했다. 3센티미터 크기의 혹이 있기는 한데 피가 나오는 상태는 아니라는 것이었다. 좀 더 자세한 관찰을 위해 3개월에 한 번씩 초음파와 CT를 번갈아가며 하자고 했다. 나는 의사가 시키는 대로 하겠다고 말했다. 의사는 나에게 "위험하니 사역도 내려놓고 외국도 가지 말고 쉬세요"라고 했다. 그래서 의사에게 "그렇게 하면 병이 완치될 수 있나요?"하고 물어보니 장담할 수 없다는 것이었다.

나는 하나님께 기도했다.

"하나님, 심장병 아이들 때문에 잠도 자지 못하고 제대로 먹지도 못하면서 이제까지 달려만 왔는데 어떻게 저에게 이런 시련을 주십니까?"

그런데 주님은 그런 나에게 오히려 "고난이 유익"이라는 말씀을 주셨다. 그래서 '그래, 죽으면 죽으리라! 이미 한번 죽은 목숨이었는데 주님이 오라하면 가야지 무엇을 못하겠는가' 하고 결심했다.

그런데 그로부터 10년, 나는 지금도 여전히 주님의 일을 하고 있다. 암으로 죽지도 않았고 병상에 누워 있지도 않았다. 아니, 하나님은 오히려 내게 전보다 더 많은 일을 주셨고 전 세계로 나갈 수 있는 문을 열어 주셨다. 모든 사역을 주님이 책임져주셨다. 돈 문제에서부터 환자 문제, 다른 사람들과의 관계 등 소소한 문제도 모두 주님이 해결해주셨다. 나의 약함 때문에 주님이 일하기 시작하셨다. 많은 분들이 이 부족한 종 때문에 수없이 중보 기도를 해주셨다. 내가 강했더라면 아마도 주님이 일하실 수 없었을 것이다. 이 신비한 역설이 나의 신앙고백이 되었다.

나는 우리 집 큰아이가 '연어'라는 책을 읽고 쓴 독후감을 보고 큰 감동을 받았다. 이 책은 작가 안도현씨가 모천으로 거슬러 올라가 알을 낳는 연어들의 생애를 그린 우화소설이다. 책 속에서 '은빛 연어' 한 마리는 동료들과 함께 머나먼 모천으로 회귀하는 과정에서 누나 연어를 여의고 '눈 맑은 연어'와 사랑에 빠지며 성장해간다. 이 책은 은빛 연어가 자신이 태어난 강으로 되돌아가는 장엄한 여행길을 통해 삶의 본질과 존재의 아픔을 묻는 무게 있는 주제를 다룬다.

나는 이 책에서 목표를 향해 죽음을 각오하고 가는 연어의 모습에서 큰 감동을 받았다. 또 연어가 자신의 사명을 마친 후 곧 생명을 다하는 모습을 보면서 그 속에서 예수님의 십자가와 고난과 부활의 의미를 발견할 수 있었다. 연어의 삶이 인간의 삶과 같다고는 할 수 없지만, 최소한 우리가 어떻게 살아야 하는지는 알려주는 상징적인 이정표와 같다고 생각했다. 그래서 나도 심장병 환자들을 위해 모든 것을 나누고, 환자들에게 새 생명을 주는 일을 목표로 내 생의 마지막 순간까지 최선을 다 해 달려가고자 한다. 수님이 쉬라고 하시는 그날까지….

심장병이 축복이 되어

심장병에 걸린 아이들을 바라보고 있노라면 복잡한 심경이 된다. 저 아이들에게 예수님의 고난과 부활은 무엇일까? 어떤 의미를 지니는 것일까? 어떻게 그 의미를 전달해줄 수 있을까? 나로서는 심장병이 고난이요, 밀알을 만나 새 생명을 얻은 것이 부활이라 말하고 싶다. 그보다 더 실감나게 전달할만한 것이 내게는 없는 것 같다.

사람들을 만나다보면 어렵다는 사람은 늘 어렵고, 좋다는 사람은 늘 형통하다. 그래서 잠언에서는 "내 입으로 말한 것은 하나라도 남김이 없이 다 이루리라"고 말씀한다. 이 말씀은 무슨 의미인가? 생각이 중요하다는 것이다. 동일한 사물이라도 바라보는 시각에 따라 전혀 다르게 이해될 수 있다.

2005년 10월, 나는 미국을 방문했다. 나의 미국 방문은 온전히 하나님의 은혜였고, 축복의 길이었다. 밀알의 사역이 아니라면 나는 도무지 미국을 갈 이유가 없는 사람이었다. 그런데 하나님이 사역을 통해 미국으로 갈 수 있는 길을 열어주신 것이다. 하나님의 축복은 비자를 받는 과정에서부터 나타났다.

비자를 받기 위해 미국 대사관으로 갔다. 대사관 앞에는 비자를 받으려는 사람들로 인산인해를 이루고 있었다. 차례를 기다리는 줄이 대사관 담장을 둘러싸고 엄청나게 길게 늘어서 있었다. 차례를 기다리는 사람들의 모습은 초조해보였다. 여행사 직원들로 보이는 사람들이 황급하게 이리저리 뛰어다니고 있었다.

오랜 시간을 기다려 마침내 나의 차례가 되었다. 아내와 함께 인터뷰를 해야 했다. 담당자가 나에게 먼저 한국말로 "안녕하세요? 반갑습니다"라며 인사를 했다. 인터뷰에 들어가기 전에 나는 내심 불안했다. 나는 재산도, 학력도, 특별한 능력도 없었다. 다만 심장병 환자를 위해 18년 동안 사역한 것이 전부였다.

담당자는 내가 어떤 일을 하는지를 물었다. 그러고는 몇 년 동안 이 사역을 했는지 물어보았다. 나는 18년이라고 말했다. 그러자 담당자는 놀랍다는 표정을 지으며 공손하게 "존경합니다. 집에 돌아가시면 보내 드리겠습니다"하고 대답했다. 다른 것은 아무 것도 안 묻고 하는 일과 기간만 묻고는 바로 비자를 내 준 것이었다. 시간은 채 5분이 걸리지 않았다. 할렐루야! 돈도 없고, 특별한 지식도 없고, 사회적 지위도 없이 한 것이라고는 밀알 사역 18년이 전부였는데, 미국 정부는 바로 비자를 승인해주었다.

미국 대사관을 나오는데 지난 18년의 세월들이 주마등처럼 스치고 지나갔다.

수술비가 없어 밤낮을 가리지 않고 모금함을 든 채 사방으로 뛰어 다니던 날들, 심장병 아이를 낳았다고 이혼 당한 어머니의 눈물, 자녀를 수술실로 보내고는 그만 기절하던 아이의 부모님들, 사생아를 등에 업은 채 밀알 사무실을 찾아온 할머니의 모습, 한 달이 넘도록 수술을 못한 채 병원 침대에 누워 고열로 고통 받던 아이의 모습, 형이 심장병 수술을 받다가 죽자 둘째 아이는 수술을 못하겠다며 울부짖던 어머니, 히나뿐인 아들이 심장병으로 죽어가는 모습을 보며 한국의 병원이란 병원은 다 돌아다니며 10년 세월을 보냈던 어느 가정의 부모들, 내 아이를 살려달라고 한국 언론에 편지를 보냈던 중국의 부부, 예수 믿을 테니 내 아이만 수술해달라며 통사정하던 캄보디아 부모, 죽어가는 아이를 등에 업고 신발도 없이 무작정 병원으로 달려온 인도의 부모, 부모가 10년을 농사지어도 수술비를 마련하지 못하던 몽골의 아이들…. 그렇게 수많은 아이들의 모습이 영화 필름처럼 눈앞을 스치고 지나갔다.

생각해보면 아득한 시간들이었다. 그들은 지금 어디에서 무엇을 하고 있을까? 알 수는 없지만, 이 모든 것을 주관하신 분은 오직 하나님 한 분이셨다. 그분은 이 마른 막대기만도 못한, 부족한 종을 사용하셔서 놀라운 하나님의 영광을 드러내셨다. 그런 귀한 사역에 사용될 수 있었음에 나는 그저 감사할 뿐이었다.

다른 사람들은 공부를 위해, 혹은 사업을 위해, 또는 이민을 위해 미국으로 가지만 나는 심장병 환자의 수술비를 모금하기 위해 미국으로 가는 것이다. 한편으로 벅차기도 하고, 한편으론 두렵기도 하고, 한편으론 설레기도 했다. 과연 미국에서의 모금 사역이 소기의 성과를 거둘 수 있을까?

나는 조용히 기도했다.

"하나님, 도움을 요청하는 손길이 너무도 많습니다. 저의 능력과 힘만으로는 도저히 감당할 수가 없습니다. 그러나 저는 믿습니다. 18년 전, 아무것도 없이 시작하게 하신 그 하나님이 오늘도 오병이어의 기적을 베풀어 주실 것을 믿습니다. 또 주는 자가 받는 자보다 더 복이 있음을 믿습니다. 주님, 부디 저를 도와주옵소서."

주라 그리하면 너희에게 줄 것이니 곧 후히 되어 누르고 흔들어 넘치도록 하여 너희에게 안겨 주리라 너희의 헤아리는 그 헤아림으로 너희도 혜아림을 도로 받을 것이니라(눅 6:38).

그렇게 나는 미국으로 갔다. 나는 미국에서 많은 교회와 목사님들, 성도님들을 만났다. 그들에게 밀알 사역을 소개하고 좋은 교제를 나눌 수 있었다. 그곳에서 내가 만난 분들은 따뜻하고 훌륭한 분들이었다. 하지만 그래도 나는 한국 교회가 더 좋다. 한국 교회의 목사님과 성도님들이 더 사랑이 넘치고 아름다운 분들이 많다. 그래서 한국 교회에 소망이 있다고 생각한다. 한국 교회가 갖고 있는 온정과 이웃에 대한 사랑은 늘 풍성하고 마르지 않는다.

늘 성실하게 응답하시는 하나님

나는 이 사역을 하면서 처음에는 내가 하는 것으로 착각했다. 그래서 많은 사람을 힘들게 만들었다. 하지만 사람들로부터 배신을 당하고 많은 어려움을 겪으면서 비로소 알게 되었다. 이 사역은 내가 하는 것이 아니라 하나님이 하신다는 것을!

하나님은 지난 25년간의 사역 중에 단 한 번도 내 기도에 응답하지 않으신 적이 없었다. 나는 매년 1월 1일부터 3일까지 직원 수련회를 갖는데, 이때 지난 1년을 돌아보고 돌아오는 1년을 계획한다. 그리고 내 나름대로 1년의 기도 제목을 노트에 적고 한 해를 시작한다. 살면서 너무 바쁘다보니 연초에 잡아놨던 기도의 제목을 잊고 사는 경우가 많다.

하지만 그 한 해를 마무리하면서 연초에 적어놨던 기도 제목을 보면, 거의 대부분의 기도 제목들이 응답을 받았고, 응답을 받을 뿐만 아니라 차고 넘치도록 축복을 받았음을 깨닫게 된다. 수술비가 필요할 때는 사람들을 통해 수술비를 보내주시고, 수술이 힘들어 의사들이 포기할 때는 기도의 사람들을 보내주셔서 기도하여 살게 해주시고, 선교할 때는 동역자를 붙여주시고, 사람이 필요할 때는 적절한 사람을 보내주셨다. 그렇게 매 사역마다 하나님은 일일이 간섭하시고 역사하셨다. 그래서 나는 매일 기도한다.

"오늘도 하나님의 기적을 체험하게 하옵소서."

기부는 하나님의 축복을 나누는 것

어느 해인가 MBC 방송국에서 전화가 걸려왔다. 밀알심장재단과 손을 잡고 어려운 형편에 처해 있는 심장병 환자와 불치병 환자들을 돕기 위한 연말 특집을 진행하겠다는 이야기였다. 그때 나는 담당피디에게 "그럼 내가 목사라는 것을 밝힐 수 있겠느냐"고 물으니 담당피디는 공영방송에서는 불가능하다고 대답했다. 그래서 나는 바로 "됐습니다" 하며 부탁을 거절했다.

이 뿐만이 아니었다. 한번은 '사랑의 리퀘스트'라는 프로그램에서 방송에 내보낼 테니 어려운 환자의 사연을 보내달라고 주문했다. 혹시 환자들에게 도움이 될 수도 있겠다 싶어서 자료를 보냈는데, 나중에 방송에 나온 것을 보니 내가 그 자료를 준 의도와는 전혀 다른 형태로 가공이 되어 나타났다. 나는 많이 실망했다. 그래서 그 이후로는 다시는 방송에 사연을 주지 않고 있다.

이런 방송사들의 관심은 많은 기부 금액을 이끌어내는 데 있었다. 그러다보니 환자들의 사연을 실제보다 더 부풀리는 경우도 많았다. 감정에 호소하기 위해 환자의 사연을 자극적으로 다루는 것이다. 사실은 뒷전으로 미룬 채.

하지만 이런 동정심에 호소하는 기부는 곧 한계에 부딪친다. 항상 이전 것보다 더 자극적인 내용을 보여줘야 하기 때문이다. 기부는 감성보다는 이성을 기반으로 이루어져야 한다. 그래야만 기부가 장기적으로 이어질 수 있다. 그래서 나는 우리가 하는 사역들, 우리가 사역의 현장에서 만나는 하나님의 손길과 후원자들의 도움으로 변화가 일어나는 현장을 소개한다.

이런 생각을 갖고 있기 때문에 나는 집회를 할 때 후원을 강조하지 않는다. 후원은 마음에 감동이 일고 은혜가 되면 다 한다. 사역이 먼저고 후원은 다음이다. 이것이 뒤집히면 안 된다. 후원을 앞세우다보면 사역도 잘 안 된다.

해외봉사단도 마찬가지다. 밀알은 매년 40명에서 100명의 해외봉사단을 세계로 보낸다. 이렇다보니 매년 5~6개 팀이 움직인다. 나는 이들이 해외로 사역을 나가기 전에 항상 이렇게 이야기한다.

"심장병 환자의 가정을 방문할 때 그들의 삶을 보고 불쌍하다, 안 되었으니 도와주어야겠다고 동정하지 말라. 그들은 자신의 삶에 만족하며 우리보다 더 많이 감사하고 있다. 겉만 보고 섣부른 판단은 금물이다. 그들을 볼 때는 그들을 통해 여러분을 향한 하나님의 축복이 무엇인지를 깨닫고 그 의미를 찾아야 한다. 그리고 한국으로 돌아가서 자신의 삶에 적용하라."

사람들은 자기보다 못하고 어려운 사람을 대하면 동정을 한다. 그러나 성경에 보면 주님은 그들을 불쌍히 여겨 그들의 필요한 것을 채워주었다. 불쌍한 심장병 환자에게 다가가 손을 잡아주고 그들의 필요를 채워주어야 한다. 그래서 작정하고 후원하며, 1년 동안 동전을 모으고, 자녀의 돌잔치 할 돈으로 아름다운 기부를 하는 것은 얼마나 멋진 일인가? 기부는 동정이 아니다. 아름다운 것이다. 주님의 축복을 나누는 일이기에 그렇다.

밀알 장학금으로 배출한 박사

"나는 박사 학위가 없습니다. 그러나 여러분은 반드시 박사 학위를 받아야 합니다. 그 이유는 여러분들이 나보다 더 위대한 사람이 되어야 하기 때문입니다."

이 말은 내가 심장병 수술을 받은 모든 나라 환자의 부모님들에게 주는 메시지이다. 그렇게 시작된 것이 베트남의 '브우'다. 나는 브우를 한국으로 데리고 와서 석사 과정을 마치게 하고 현재 박사 과정을 밟게 하고 있다. 브우는 이 위대한 사역의 첫 모델이다.

브우는 베트남 목사님의 가정에서 성장했다. 헌데, 베트남에서는 예수님을 믿기가 쉽지 않다. 공산국가가 되면서 교회가 문을 닫고 어려움을 겪고 있다. 아이가 자라 어른이 되었을 때 종교를 적는 난에 기독교라고 쓰면 취직은 물론이고 대학 가기도 어렵다.

그러나 이 자매는 결단했다. 하나님 나라를 위해 아버지의 뒤를 이어 베트남을 변화시키기로. 그래서 기독교를 선택했다. 그러나 브우에게 돌아온 것은 대학 진학은 물론 취직도 되지 않는 상황이었다. 하지만 나는 이 자매를 통해 베트남의 심장이 뛸 것을 믿는다.

두 번째 모델은 중국의 심장병 환자였던 '마페페'다. 마페페는 13살 때 밀알을 통해 수술을 했는데, 나는 마페페를 한국으로 초청하여 2차 프로젝트에 들어갔다. 이 프로젝트는 중국 대륙의 심장병 환자들을 위한 일꾼으로 세우기 위한 프로젝트이다.

중국은 그동안 700여명의 심장병 환자가 수술을 받고 새 삶을 찾았다. 이들을 양육하고 도와줄 멘토가 필요하다. 나는 개인적으로 앞으로의 세계 선교는 중국이 감당하지 않을까 싶다. 그때 마페페가 감당할 역할이 있을 것이라고 믿는다. 나는 마페페에게 희망을 걸고 있다. 마페페는 지금 한국에서 대학을 졸업하고 숙명여자대학원 정치외교학과에 입학했다. 나는 마페페가 한국과 중국에 큰 영향을 미치는 위대한 인물이 되어주길 기대한다.

세 번째 모델이 바로 몽골의 헝그르졸이다. 헝그르졸은 서울여대 사회복지학과 석사 과정을 밟고 있는데, 나는 나중에 헝그르졸이 몽골의 보건복지부 장관이 되길 희망하고 있다. 그래서 몽골의 선교사들을 지원하고 밀알심장재단을 위하여 큰 몫을 감당해주길 기대하고 있다.

이들은 아직 사신의 나라를 위한 큰 미래를 제대로 보지 못하고, 밀알의 사역에 헌신을 다짐하지는 않고 있지만, 내가 먹이고 입히고 공부시키고 기도하면 반드시 나보다 위대한 지도자가 될 것으로 믿는다. 그래서 나는 이들을 바라보며 늘 기도한다.

"주님, 10년 20년 뒤에 중국, 베트남, 몽골이 이들로 인하여 주님의 심장이 요동치게 하옵소서."

응급실에서 만난 주님

원래 병원은 내가 치료를 받는 곳이 아니고 심장병 환자들이 치료를 받아야 할 곳인데 요즈음은 내가 응급실을 자주 이용한다. 나는 늘 건강에 문제가 있다. 피할 수 없는 사역들로 시간이 부족한데 건강 문제가 내 발목을 잡는다. 집회 중에 온 몸이 아파서 주사를 맞고 하루 종일 숙소에서 꼼짝을 못한 적도 있다. 그런 상황에서도 저녁에는 집회를 한다. 온 몸이 춥고 음식을 넘기지 못해도 약속된 집회는 해야 한다.

동부삼일교회에서는 집회 도중 설교를 하다 너무 힘들어서 3분 정도 설교를 하고는 1층으로 내려가서 누워 있었던 적도 있다. 인도에서는 먹은 것이 잘못되어 응급실로 실려 가기도 했다. 중국에서는 감기가 걸려 힘든 가운데서도 사역을 마치고 한국에 와서 병원에 누워 링거를 맞은 적이 한두 번이 아니다.

그럼에도 불구하고 나는 주님의 위로와 많은 후원자분들의 위로에 힘을 얻는다. 나는 지금도 10원의 후원에 감사하고 위로의 말 한마디에 춤을 추며 살아가고 있다. 칭찬은 고래도 춤추게 한다. 참 좋은 표현이다. 우리에게 확신을 주고 힘을 주는 사람, 흩어진 조각들을 모아서 다시 시작할 수 있도록 일으켜 주는 사람, 어려움에도 불구하고 단단한 의지를 북돋아주는 사람들이 우리에게는 필요하다. 그것이 바로 격려다.

밀알의 후원자 가운데는 내게 전화를 걸어 "목사님, 후원이 너무 적어 죄송합니다"라고 말한다. 그럴 때 나는 그분들에게 "아닙니다. 절대로 그렇지 않습니다"고 대답한다. 헌데, 이 말은 그냥 인사로 하는 공치사가 아니다. 그분들은 밀알을 믿어주고, 나를 믿어주며, 자신의 귀한 물질을 바치는 천사들이다. 그분들의 작은 격려가 밀알의 모든 식구들에게 큰 힘이 된다.

격려는 죽어가는 사람을 살린다. 위로와 격려는 실패의 사막에서 헤매는 사람의 유일한 오아시스다. 이 험한 세상에서 방황하는 사람도 많다. 기진맥진해서 더 이상 걸어가기 어려운 상태에 있는 사람도 많고, 실패하여 넘어져 있는 사람도 많으며, 상처 입은 사람도 많다. 버림받은 사람도 많다. 그래서 격려 받지 못한 가장은 실직이라는 아픔 때문에 자살하기도 한다. 그럴 때 이들을 격려하고 기운을 북돋워 줄 수 있는 사람이 있다면 이들은 자살하지 않을 것이다.

"만일 형제나 자매가 헐벗고 일용할 양식이 없는데 너희 중에 누구든지 그에게 이르되 평안이 가라 더움게 하라 배부르게 하라 하며 그 몸에 쓸 것을 주지 아니하면 무슨 이익이 있으리요"(약 2:15~16).
"누가 이 세상 재물을 가지고 형제의 궁핍함을 보고도 도와 줄 마음을 막으며 하나님의 사랑이 어찌 그 속에 거할까 보냐"(요일 3:17).

오늘도 나는 내가 응급실로 실려 간다 할지라도 여러분들의 격려와 위로만 있다면 최선을 다해 달려갈 것이다.

사역자는 주의 은혜로

많은 사람들이 밀알심장재단을 방송과 신문에 홍보할 것을 권했다. 사실 우리보다 늦게 시작한 다른 많은 단체들이 우리보다 더 많은 일을 하고 있고 매스컴을 통해 많은 홍보를 하고 있다. 사람들은 내게 사무실도 더 크게 하라고 조언한다.

그러나 나는 그때마다 이렇게 이야기한다.

"나는 이 일을 부자가 되기 위해 하는 것이 아닙니다. 또 높은 자리로 가기 위해 하는 것도 아니고 많은 사람들에게 칭송을 받기 위해서 하는 일도 아닙니다. 내가 이 일을 시작한 것은 오직 주님의 은혜 때문이었습니다. 앞으로도 이 일은 주님의 은혜로 계속되어질 것을 믿습니다."

한번은 이런 일도 있었다. 2003년 8월 한 통의 전화가 왔다. 한국의 대표적인 기독교 잡지의 기자였다.

"목사님, 인터뷰를 좀 하고 싶습니다."

"아, 그래요. 내가 지금 부산에 있는데요.(당시에는 부산에 본부가 있었다.)"

"그래요, 본부가 부산입니까? 그런데 목사님, 그렇게 많은 심장병 환자를 수술한 것이 사실입니까?"나는 웃으며 "내가 한 것이 아니고 하나님이 하셨습니다"고 대답했다.

그러자 그 기자는 취재하러 내려오겠다고 말했다. 하지만 나는 취재는 무슨 취재냐며 내려오지 말라고 말렸다. 그러고는 그 일을 잊어버렸다. 한 달 후 그 기자가 다시 전화를 해서 만났다. 그런데 그 기자의 말에 웃음이 나왔다. 그 잡지사의 편집장과 사장님이 부산에 본부를 둔 단체가 어떻게 그렇게 많은 심장병 환자를 살릴 수 있겠느냐며 거짓말이라고 했다는 것이다.

그래서 나는 다른 신문에 나간 여러 기사들과 수술 받은 환자들의 사진과 편지를 보여 주었다. 그러자 그 기자는 얼굴이 붉어지며 "목사님, 저는 목사님의 말을 믿고 왔습니다" 하고 말했다. 그래서 나는 그 기자에게 나보다 더 위대하고 많은 일을 행하신 예수님도 갈릴리에서 무슨 선한 것이 나겠느냐며 비웃음을 샀는데, 그래도 나는 기자분이 믿어주니 예수님보다 낫다고 말하자 그 기자가 웃었다.

나는 그 기자를 만나면서 많은 것을 깨닫게 되었다. 나 역시 다른 사람들을 판단할 때 외모나 지역, 학벌, 돈, 명예로 판단하지는 않는지? 나는 사역을 올바로 하고 있는지? 오늘도 과연 주님의 발자취만 바라보며 걸어가고 있는지? 부족한 사람이 나의 나 된 것이 모두 주의 은혜이다. 그러니 지금까지 역사하신 하나님이 앞으로도 계속 인도하여 주실 것을 믿고 힘차게 날아본다. 하늘나라의 홍보와 하늘나라의 상급을 위하여!

세계평화상보다 더 큰 상

연말이 가까워오면 신문과 방송에서 전화가 많이 온다. 올해 한국을 빛낸 100인에 추천되어 수성을 해야 한다거니, 세계 속의 한국인 상에 선정되었으니 촬영을 해야 한다는 등과 같은 전화들이다. 또 다른 나라들을 방문하면 우리의 일이 소개되고, 국회의원들을 만나고 총리를 만나고 보건복지부장관을 만난다. 이들을 만나면 한결같이 대통령

상이나 총리 상을 받아야 한다고 난리다. 그리고 직접 추천서를 써주는 이들도 많다. 어떤 사람은 내게 세계평화상을 받아야 한다고 말한다.

그러나 내가 정말 받고 싶은 상은 딱 하나뿐이다. 그것은 전 세계 심장병 환자들의 심장에서 우러나오는 '아빠, 사랑해요 상'이다. 이 세상 그 어떤 상보다 전 세계 심장병 환자와 가족들이 내 무덤 앞에서 이 말을 해주는 것이 내게는 최고의 큰 상이다.

나는 인도를 방문했을 때 인도 선교사 윌리엄 캐리의 무덤에 씌어진 말에 큰 감동을 받았다.

"나 같이 부족하고 벌레만도 못한 사람이 주님의 일에 수종 들 수 있음에 감사드리며 주님의 품에 안깁니다."

나도 그렇게 살고 싶다. 이 세상의 어떤 상보다 나의 무덤에 "주님의 은혜로 부족한 종이 전 세계 심장병 환자들의 아버지가 되었다"는 말을 남기고 싶다. 그것이 내가 원하는 최고의 상이다.

세상에서 가장 행복한 사람

사람이 함께 한다는 것은 매우 중요한 일이다. 이 세상의 많은 일들은 다른 누군가가 있기에 이루어지고, 다른 누군가가 있기에 우리는 행복한 것이다. 그래서 부부가 좋고 가족이 좋은 것이다. 우리가 먹는 소중한 한 끼의 식사는 누구인지는 모르지만 수많은 다른 사람들의 노력과 땀으로 만들어진 것이다. 그들의 노고가 없었다면 우리의 식탁은 결코 풍성해질 수 없었을 것이다.

자연의 이치가 다 그렇다. 하늘을 나는 새들도 수백 번의 날갯짓을 해야만 먹이를 얻을 수 있다. 그뿐인가. 철을 따라 수천 킬로미터의 험난한 길을 날아갔다 날아와야 한다. 그렇게 이동하기 위해서는 무리를 지어 서로 희생하고 노력하며 협조해야 한다. 힘들고 어렵다고 노력하지 않으면 철을 넘기지 못하고 죽는다.

자연의 섭리가 그런데 사람들은 어떻게 해서든지 힘들고 어려운 것은 하지 않으려 한다. 쉽고 편한 것만 하려고 한다. 땀은 흘리지 않고 결실만 얻으려 한다. 땀을 흘리는 수고가 있어야만 그 결과로 행복이 오는 것인데도 말이다.

우리는 그저 자신만 먹고 살기에 바빠 제대로 남을 돌아볼 시간이 없다. 사회의 구석에서 고통 받고 신음하는 사람들을 모른 척 한다. 특히 자녀의 질병 때문에 가정이 무너지고 가족이 와해되는 고통을 겪어도 이들에게 도움의 손길을 벌리는 사람은 아무도 없다.

만왕의 왕이신 예수님께서 높고 높은 보좌를 버리시고 이 땅에 오신 것은 바로 그 때문이다. 손수 십자가에 달려 피와 땀을 흘리신 것은 우리에게 모범을 보이시기 위함이다. 그런 예수님의 희생과 헌신으로 우리가 부활의 새 생명을 얻었다. 보이지는 않지만 묵묵히 자신의 사명을 다하는 사람이 있을 때 세상은 아름다워진다.

오늘, 이 순간, 새 생명을 얻어 병실에서 뛰고 있는 심장병 환자들의 기쁨은 바로 여러분과 같은 후원자들의 희생과 헌신의 결과이다. 남들이 알아주지는 않지만 용돈을 한푼 두푼 아끼고, 먹을 것 제대로 먹지 않고 매달 후원해 주는 후원자들이 있기에 세상은 행복하고 살맛나게 변하는 것이다. 누군가가 우리를 위해 기도하고 있기에 우리는 힘을 얻는 것이다. 묵묵히 헌신하는 이들로 인해 세상은 좀 더 따뜻해지는 것이다. 우리가 지치고 힘들어 더 이상 일어서지 못할 때 주님은 반드시 우리의 손을 붙잡아 주실 것이다.

그래서 나는 행복한 사람이다. 오늘도 나를 위해 기도해주고 후원해주고 격려해주는 그 누군가가 있기 때문이다. 나는 이 세상에서 가장 행복한 사람이다.

누군가는 해야 할 일

많은 사람들이 일중독자로 살아간다. 목회자도, 사업가도, 국회의원도, 시장도, 대학총장도, 병원장도, 은행장도 일중독자가 되지 않으면 살아남을 수가 없다. 각박한 세상임에 틀림없다. 많은 목사님과 후원자들이 내게 "목사님, 쉬면서 하세요. 그러다간 몸이 더 악화됩니다"고 조언한다. 하지만 나는 그분들의 조언을 들으면서도 쉴 수가 없다. 왜냐하면 수많은 심장병 아이들이 우리를 기다리고 있기 때문이다.

매년 150여 명 이상의 아이들이 국내외에서 수술을 받는다. 그래서 단 하루도 기도를 쉬지 못하고 가슴을 졸이며 산다. 국내에서 수술이 있을 때는 지방에서 집회를 마치고 새벽 2시에 집에 들어갔다가도 새벽이면 다시 병원으로 달려간다. 그리고 아침 7시 30분만 되면 수술에 들어가는 아이들을 위해 예배드리고 기도해준다. 수술은 의사가 하지만 하나님이 그 손을 붙들어주지 않으면 안 된다는 것을 알기 때문이다.

그 아이들을 위해 기도하고 예배를 드리고 손을 잡을 때마다 부족한 종의 심장에서는 "그래! 이 아이들을 위해 뛰자! 오늘도 걷지 못하고 달리지 못하는 또 다른 심장병 아이들을 그리스도의 심장으로 걷게 하고, 뛰게 하고, 웃을 수 있게 하자!"고 다짐해 본다. 누군가 저들 심장병 환자를 위해 헌신해야 하고, 누군가 저들을 도와야한다면, 비록 내가 힘도 없고 가진 것도 없지만 나는 기꺼이 저들의 친구가 되고 싶다.

부산시 의사협회를 통한 기도 응답

사역을 하다보면 급한 일을 만나기도 하고 돈이 급할 때도 있다. 이번에는 인도에서 문제가 생겼다. 급한 심장병 환자 수술이 있어 1천만 원이 필요하다는 연락이 왔다. 그런데 사무실에 돈이 없다. 선교지에서는 생명을 살리기 위해 촌각을 다투는 문제인데 어찌할 수가 없다. 결국 어디선가 돈을 급하게 빌려야 한다. 선교사님이 요청하는 것이고 지금 수술하지 않으면 생사를 장담할 수 없다. 어찌어찌해서 급하게 돈을 구해 인도로 1천만 원을 송금했다.

해외만이 문제는 아니다. 국내 환자 수술도 마찬가지다. 수술비는 없는데 환자는 계속 밀려든다. 도와달라는 곳은 너무나 많은데 늘 재원이 부족하다. 이럴 때는 하나님 밖에 없다. 열심히 기도하는 수밖에 없다. 그러고는 모금함을 들고 나가 도울 수 있는 사람을 찾았다. 새벽마다 기도하고 사무실에서 오전 9시에 예배를 드렸다. 미래는 오직 그분만이 아시니 오늘도 기적을 베풀어 주시길….

그런데 기도가 끝나자마자 부산시 의사협의회에서 전화가 왔다. 지난해 10월에 부산의 어려운 환자들을 위해 발표회를 했는데, 그때 수익금으로 얻은 1천만 원을 기증하겠다는 것이었다. 참으로 기이한 일이었다. 어떻게 지난해 10월에 모은 돈이 밀알로 올 수 있었던 것일까? 하나님의 그 놀라운 응답에 나는 전율이 느껴졌다.

인도를 향하여 손을 펴니 국내의 환자는 하나님이 수술하여 주셨다. 그것도 정확하게 1천만 원을 인도로 보냈는데 정확하게 1천만 원을 우리에게 보내주셨다. 할렐루야! 하나님은 매일 매일 기도에 응답하시고 기적을 베풀어주시는 하나님이시다.

선교비로 드린 100만 원을 채워주신 하나님

2002년 5월 22일, 경상북도에서 사랑의 음악회가 시작됐다. 박형근, 최선자 권사님을 초청해서 안동, 상주, 영주, 예천 등 경상북도 일원을 순회하는 행사였다. 행사에 나서기에 앞서 사무실에서 예배를 드렸다. 이 예배는 음악회 행사뿐만 아니라 우리가 그동안 기도해온 임권동 선교사를 인도로 파송하기 위한 예배이기도 했다.

우리는 인도의 죽어가는 많은 영혼과 심장병 환자들을 위해 먼 사역지로 떠나는 임 선교사의 앞길에 주님의 축복이 함께 하기를 기도했다. 그리고 100만 원의 선교비를 지급했다. 밀알 입장에서는 참으로 어려운 시기였다. 참으로 빠듯한 재정에 100만 원은 결코 작은 돈은 아니었다. 하지만 우리는 어려울 때 하는 선교가 참 선교이고 어려울 때 헌금해야 형편이 좋을 때도 헌금할 수 있다고 믿는다.

그렇게 파송예배를 드리고 우리의 첫 번째 목적지인 안동으로 출발했다. 행사는 은혜 가운데 마쳤다. 행사 둘째 날, 우리는 상주 시민교회로 향했다. 담임목사님과 1시간 정도 면담하는 시간이 마련됐다. 이야기를 나눠보니 목사님은 우리 밀알에 대해 잘 모르고 계셨고 오해하는 부분도 많았다.

그렇게 서로 이야기를 나누면서 선교회에서 하는 사역에 관해 자세한 설명을 들은 목사님은 정확하게 100만 원을 헌금으로 내어놓았다. 교회에서 바자회를 하며 모은 헌금이라고 말했다. 나는 몸의 한 구석으로 전율이 흐르는 것을 느꼈다. 그 액수는 정확히 우리가 인도 선교를 위해 헌금한 액수였다. 하나님은 단 한 치의 오차도 없이 정확하게 필요한 돈의 액수를 맞춰주신 것이었다. 하나님의 이름으로 드리는 곳에는 반드시 거저 오게 하지 않으신다는 말씀이 생각났다. 우리는 목사님으로부터 맛있는 저녁식사까지 대접을 받았다.

"어린 소자에게 한 것이 곧 나에게 한 것이니 내가 결단코 그 상을 잃지 아니하리라."

그것이었다. 하나님은 결단코 잊지 않고 상을 채워주시는 분이다. 우리의 작은 손을 구제하고 선교하는 일에 드릴 때 하나님은 우리의 손에 더 좋은 것으로 채워주심을 나는 믿는다. 나는 앞으로도 더 많은 곳에 선교하고 구제하기를 원한다. 중국에 이어 인도에도 죽어가는 영혼들을 살리기 위해 불질을 전하고 복음을 전하기를 원한다. 더 나이가 아프리카처럼 궁핍과 기근 속에서 죽어가는 사람들에게 먹을 것과 입을 것, 그리고 생명의 복음을 전하고 싶다. 그것이 나의 꿈이다.

몽골의 심장병 환자를 살린 소리엘

    오병이어선교회는 지난 10여 년 동안 몽골에서 사역을 해왔다. 그런 오병이어선교회로부터 전화가 왔다. 그곳에 심장병으로 고생하는 청년이 있다는 이야기였다. 몽골에는 한국만큼 의료시설이 갖춰져 있지 않기 때문에 그 청년을 한국으로 데려와야 했다. 수술비가 1천만 원이 넘는다고 한다.

    "하나님, 어떻게 해야 합니까?"

    나는 다른 많은 경우와 마찬가지로 하나님이 또 수술비를 보내주실 것이라고 믿고 "예스"라고 대답했다. 그러고는 열심히 기도하고 열심히 뛰어다녔다. 그런데 하나님은 다른 곳에서 수술비를 미리 예비하고 계셨다. 찬양사역자인 소리엘이 전국 투어를 계획하면서 이 공연을 통해 심장병 환자를 돕겠다고 밝혀온 것이다. 할렐루야!

    하나님은 나의 기도에 정확하게 역사하시고 응답하셨다. 소리엘은 전국투어를 통해 수술비를 보내주었다. 2004년 2월 3일, 나는 인천공항에서 몽골 청년 헝거르졸을 만났다. 16세의 몽골 소녀 헝거르졸은 한국에 들어온 지 2일 만에 병원에 입원했고 수술을 받았다. 수술에 들어가기 전 병실에서 소리엘이 부르던 '당신은 사랑받기 위해 태어난 사람'을 따라 부르며 울던 이 청년은 그렇게 수술실로 들어갔다.

    가족과 떨어진 채 그렇게 홀로 수술실로 들어갔던 헝거르졸, 나는 그 청년을 위해 기도했다. 사망의 음침한 골짜기를 걸을지라도 언제나 우리를 지키고 보호하시는 하나님이 헝거르졸을 지키시기를, 수많은 질병과 바이러스로부터 보호하시기를, 수술의 실패와 실수로부터 벗어날 수 있기를, 수술을 받는 동안 기운이 떨어지지 않고 꿋꿋하게 버텨서 빨리 회복하고, 그래서 아름다운 하나님의 딸이 될 수 있기를 기원했다.

몽골의 이 어린 청년은 하나님의 도우심과 많은 후원자들의 기도로 무사히 일어날 수 있었고, 3월 12일 퇴원했다. 그리고는 태어나서 단 한 번도 보지 못했던 바다를 보기 위해 부산으로 왔다. 헝거르졸은 부산의 풍경이 사뭇 신기한 모양이었다. 바다를 보고는 탄성을 질렀고, 자갈치 시장에서는 호기심으로 눈이 반짝거렸다. 시장에 가득한 생선과 시장 상인들의 모습에 한껏 즐거워하던 이 청년은 꼼장어와 죽을 먹고 돼지 수육도 곧잘 먹었다. 그렇게 2박 3일의 부산 여행은 끝이 났다.

헝거르졸이 몽골로 되돌아갈 때, 밀알에서는 헝거르졸의 대학 학자금을 후원했다. 헝거르졸은 학자금을 받으며 반드시 좋은 대학에 가서 남을 돕는 일을 하겠다고 약속했다. 나는 나의 간절한 기도를 그 학자금 봉투에 담았다.

"하나님, 작은 밀알의 씨앗을 2004년 3월 몽골에 심습니다. 앞으로 3년, 5년, 10년, 100년 후엔 30배, 60배, 100배의 결실을 보게 하옵소서. 비록 나의 눈으로 그 열매를 보지 못한다 하더라도 다음세대, 그리고 그 다음세대에서는 열매 맺게 하옵소서. 황무한 몽골의 사막에 뜨거운 성령의 불이 붙게 하옵소서."

이 몽골 청년은 몽골에서 대학을 졸업하고 결혼을 했다. 지금은 예쁜 아이까지 낳았다. 그리곤 한국에 들어와 서울대 대학원 석사 과정에 입학했다. 헝거르졸은 사회복지학 박사가 되어 몽골 보건복지의 토양이 될 인재 양성을 꿈꾸고 있다.

정직과 성실로 승부하라

　사람은 참으로 간사한 것 같다. 과거의 자신의 모습을 너무도 빨리 잊는다. 목사인 나도 마찬가지다. 옛날에는 밥만 먹어도 행복하고 잠만 푹 자도 행복이었는데 이제는 그렇지 않다. 밥을 먹어도 반찬이 부실하면 어느새 잔소리와 불평이 늘어난다.

　어느 교회에 집회를 갔다. 집회 전에 식사를 하는데, 담임목사가 오지 않고 부목사가 대신 나왔다. 그러면서 "우리 목사님이 부흥회 등으로 집회가 많고 주일 설교 준비로 토요일은 사람을 만나지 않는다"고 말했다. 그러자 우리 간사가 이렇게 말했다. "목사님, 우리 목사님은 더 집회를 많이 하고 더 바쁜 시간을 보내는데 어떻게 살겠어요?"

　나는 그저 웃을 뿐이다. 이전에 교회가 작았을 때는 늘 함께 식사를 했건만 이제 높은 사람, 큰 교회 사람들만 만나서 식사하는 모습이 섭섭하기만 하다. 그런 모습을 보면서 나는 나의 모습을 돌아본다. 나는 오늘도 가장 작은 자의 후원금 1,000원에도 감사하고 감격하며 그들을 위해 새벽마다 기도하고 있는가? 처음 내 심장을 뛰게 했던 그 시절의 심장박동 소리를 잊어버린 것은 아닌지….

　베트남을 방문했을 때다. 베트남은 온통 대우 자동차, 대우 냉장고, 대우 에어컨으로 가득했다. 대우가 어떻게 이렇게 베트남에서 성공할 수 있었을까? 나는 궁금해서 그 이유를 알아보았다. 베트남은 미국과 한국 사람을 몹시 싫어했다. 베트남 전쟁 때 자신들의 동족을 많이 죽였기 때문이었다. 그래서 미국이나 한국보다는 일본을 더 좋아했다. 자동차, 냉장고, 에어컨 등 가전제품도 모두 일본 것만 샀다.

그런데 그런 베트남 시장에 대우그룹 김우중 회장이 도전장을 냈다. 물건을 파는 일본 사람들이 베트남 사람들을 무시하는 모습을 본 김우중 회장은 대우 직원들을 철저하게 교육시켰다. 베트남 사람을 대할 때 내 형제처럼, 부모님처럼, 친구처럼 대하라고 가르쳤다. 돈을 벌기보다는 그들의 마음을 얻기 위해 노력하라고 가르쳤다. 그런 김 회장의 교육은 베트남 사람들의 마음을 얻게 되었고 베트남에서 일본 제품을 몰아내고 대우 제품을 팔 수 있는 기반이 마련되었다. 지금도 베트남 사람들은 대우의 가전제품을 선호한다.

그렇다. 초심을 잃지 않으면 무슨 일을 하든 성공할 수 있다. 나는 오늘도 첫 출근하던 때, 처음으로 교회에 나가던 때, 처음 사역을 시작하며 가슴이 뛰던 그 시절, 그 시간을 잊지 않기 위해 노력한다.

죽음도 넘어가는 사역

우리 집 둘째의 말이 늘 나의 마음을 아프게 한다. 나는 우리 집사람이 아이를 두 명이나 낳을 때 한 번도 곁에 있어주질 못했다. 늘 집회 중이었다. 집회에 갔다 오면 아이가 태어났고, 집회에 갔다 오면 아이가 태어나 있었다. 우리는 결혼기념일에도 집회 때문에 떨어져 있었고 생일에도 집회에 가 있었다.

그래서 다른 사람들이 우리 아이에게 "너희 아빠는 어디 계시냐?"고 물으면 우리 아이들은 "우리 아빠는 차 속에 계신다"고 대답한다고 한다. 나는 그 말을 인정한다. 1년에 수십 회의 집회와 심장병 환자 병원 방문, 환자 가정 방문, 한국과 외국에서의 심장병 행사로 인해 나는 가족과 함께한 날이 거의 없다.

가족과의 약속은 늘 펑크가 났다. 그래서 우리 둘째 아들은 아버지가 늘 차 속에 있다고 대답한다. 그렇다. 내가 이 사역을 시작하면서 걷거나 차를 타는 일이 나의 일이었다. 그렇지 않으면 심장병 환자들을 살릴 수가 없다. 매년 한국을 3~5바퀴는 차로 도는 것 같다. 3대의 차가 모두 3년만 타면 주행거리가 50만 킬로미터를 넘는다. 그래서 3년마다 차를 교체한다.

늘 차 속에 있다 보니 사고 속에 산다. 아니, 하나님의 은혜 안에 살아간다. 대전으로 집회를 가던 중에 고속도로에서 5중 충돌사고가 발생했다. 동행한 간사가 잠깐 앞을 보지 못한 새 사고를 낸 것이다. 내가 옆에서 급하게 브레이크를 잡으려고 했는데 이미 늦었다. 1.5톤 트럭을 추돌하고 브레이크를 잡았지만 이미 나의 눈앞에서는 앞문 유리가 이슬처럼 쏟아져 내렸다. 아니, 빗물처럼 흘러 내렸다.

그때 내 입에서 나온 말은 "주여" 그 한 마디뿐이었다. 사고로 고속도로가 난장판이 되었다. 나는 내가 죽은 줄 알았다. 눈을 떠 보니 직원들은 응급차에 실려 가고 차는 움직이지 않았다. 나는 정말로 천국으로 가는 줄 알았는데 하나님이 살려주셨다.

그런데 문제는 그것으로 끝난 게 아니었다. 우리가 차 보험을 26세 이상으로 가입했는데, 운전하던 간사는 한국 나이로 26세였다. 보험이 인정되지를 않았다. 돈으로 해결하는 수밖에 다른 방법이 없었다. 그나마 감사한 것은 죽은 사람이 없다는 것이었다. 몇 사람이 다쳐 병원으로 갔지만 큰 사고는 나지 않았다.

그런데 문제는 대전 집회였다. 할 수 없이 사무실에서 다른 차를 가지고 와서 대전으로 가는데 몸이 아픈지도 모르겠고 아무런 생각도 나지 않았다. 내가 설교였는데 설교가 끝난 다음에야 겨우 도착할 수 있었다. 난감한 일이었다. 가다가 사고가 나서 설교를 할 수 없다고 알리기는 했지만 황당함 그 자체였다.

그뿐만이 아니다. 겨울에 고속도로를 달리는데 앞 트럭이 갑자기 브레이크를 잡더니 360도로 한 바퀴 회전을 해서 우리를 마주보고 서 있었다. 조금만 빨리 갔더라면 정면충돌 할 뻔한 상황이었다. 강원도에서 집회장으로 갈 때는 안개가 너무 많이 끼어 엉금엉금 기다시피 운전을 해야 할 때가 한두 번이 아니다. 그래서 나는 차를 탈 때마다 기도한다.

"주여, 오늘도 안전운전 할 수 있게 도우소서! 오늘도 집회를 잘 할 수 있게 도우소서!"

이것이 매일 수십 킬로미터를 달리며 심장을 살리는 목사의 간절한 기도이다.

인도의 주방을 점령하다

선교지에 갈 때마다 나는 선교사님들과 함께 식사한다. 때로는 한식으로, 때로는 현지식으로 식사를 나눈다. 내가 늘 선교사님들에게 식사를 대접하는 이유는, 한국에서는 많은 목사님들이 내게 식사를 대접해 주시기 때문에 내가 식사를 대접할 기회가 별로 없기 때문이다. 그래서 선교지에서는 내가 늘 선교사님들에게 식사를 대접한다. 식사를 대접하는 일은 즐거운 일이다.

인도에 갈 때는 선교사님의 가정을 초청해서 식사를 대접한다. 요즈음은 인도로 가는 선교팀이 많지만 얼마 전만 해도 인도는 선교팀도 오지 않고, 어느 누구도 선교사님들에게 호텔로 초청해서 식사를 대접하는 경우는 없었다. 그래서 나는 가장 좋은 식당을 골라 식사를 대접하곤 했다.

인도에는 맛있는 음식이 많지만 그중에 주식은 '란'이라고 부르는, 밀가루 반죽을 큰 항아리에 구워서 먹는 일종의 빵이다. 그런데 가는 곳마다 이 란을 태워서 내온다. 탄 음식은 몸에 좋지 않은데 인도 사람들은 그래도 잘 먹는다.

그래서 한 번은 심장병 수술하는 의사에게 태운 것을 먹으면 암에 걸리지 않느냐고 물으니 자신도 잘 안다고 대답했다. 그럼 왜 태운 것을 먹느냐고 물어보니 어쩔 수가 없다는 것이었다. 모든 사람들이 그렇게 먹고 환경 자체가 그런데 딴 방법이 없다는 것이었다.

그래서 내가 선교사님을 초청한 특급 호텔의 주방장에게 란을 태워서 내놓지 말고 태우지 않은 것을 가져오라고 했더니, 세 번을 시켰는데 세 번 다 태운 것을 가져왔다. 참으로 한심한 일이었다. 그래서 할 수 없이 주방장에게 함께 주방으로 가보자고 했다. 물론 주방은 외부인에게 개방하지 않는 곳인 줄은 알고 있었지만, 주방장도 세 번이나 주문을 어긴 것이 미안했던지 동행을 허락했다.

나는 웃으면서 주방장에게 태우지 않는 기술을 전수해주겠다고 말했다. 주방장은 반신반의 하는 눈치였다. 란을 요리하는 방식을 보니 큰 항아리 가운데 숯을 넣고 항아리를 데워 그 열기로 빵을 구워내는 방식이었다. 왜 늘 란이 탈 수밖에 없었는지 알 수 있었다.

그 이유는 두 가지였다. 첫째는 청소가 잘 안 된 탓이었다. 숯이 가운데 있다 보니 숯에서 그을음이 올라와 항아리의 벽면을 더럽혔다. 두 번째는 피자처럼 만들어 항아리 벽에 붙이는 밀가루 피가 너무 두꺼운 탓이었다. 그래서 먼저 항아리 벽을 청소하고 밀가루 피를 최대한 얇게 만들도록 했다.

다음은 타이밍이었다. 란을 벽면에 붙인 다음 뜨거운 온도일 때 빨리 꺼내야 한다. 처음에는 타이밍이 늦어 조금 탔다. 다시 한 번 시도해서 전혀 타지 않은 란을 만들어낼 수 있었다. 인도 주방장이 "원더풀"을 외쳤다.

나는 란을 구우면서 타이밍의 중요성을 절감했다. 선교할 때도, 기도할 때도, 공부할 때도 타이밍이 중요하다. 조금만 방심해서 타이밍을 놓치면 결과는 큰 차이가 난다. 내가 가는 모든 선교지에서 타이밍을 놓치지 않고 심장병 환자와 선교사님들에게 관심과 사랑을 베풀어야겠다고 다짐하는 기회가 되었다.

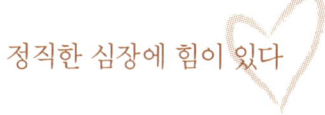

정직한 심장에 힘이 있다

나는 나의 아들과 딸들 그리고 직원들에게 늘 강조하는 것이 있다. 성공하기 전에 먼저 사람이 되어야 하고, 거짓말 하고 남을 속이는 것보다 힘들더라도 정직하게 살아가는 것이 하나님의 축복이라는 것이다. 특히 중국을 비롯한 동남아 국가에 가면 선교사님을 비롯해 사업가들이 늘 하는 말이 있다. 그곳 사람들은 돌아서면 속이고, 돌아서면 거짓말하고 사기를 치니 믿을 수가 없다는 것이다.

과거의 우리나라 역시 사람들을 속이고 거짓말을 많이 했다. 처음 한국을 찾은 선교사들은 한국 사람에 대해 이렇게 이야기했다고 한다.

"술 먹고 싸우고, 여자와 아이를 구박하고, 거짓말하고 사기치는 사람들, 남의 것을 훔치는 사람들이 많은 곳이다."

우리나라의 형편이 아직 너무 어려웠을 때 서양 선교사들의 눈에는 아무도 믿을만한 사람이 없었다. 그러나 그 후 100년이 지난 지금 그래도 우리나라에는 믿을만한 예수쟁이들이 있다. 그렇다. 한국인 선교사들의 눈에는 중국과 동남아 사람들이 우리를 속일 때가 있지만 그래도 때가 되면 필요한 사람들이 될 것으로 나는 믿는다.

사람을 믿지 않으면 사역이 안 되고, 사람을 믿지 못하면 혼자서 모든 것을 해야 한다. 그렇게 되면 너무도 힘이 든다. 사람을 믿고 맡길 때 효과는 두 배가 된다. 성경은 한 사람보다 두 사람이 좋고, 삼겹줄은 능히 끊을 수 없다고 가르친다. 믿을 수 있다는 것, 정직하다는 것, 예수쟁이는 다르다는 것은 자신의 조그만 이익을 포기하면 된다.

나에게는 그런 경험이 있다. 언젠가 둘째 아들과 함께 집 앞 가게에 갔다. 물건을 사고 물건 값으로 1만 원을 주고 거스름돈을 받아 집으로 왔다. 그런데 집에서 확인해보니 3,000원을 잔돈으로 받아야 하는데 가게 주인이 착각을 해서 1천 원짜리 두 개와 5천 원짜리 한 장을 주었다. 3,000원이 아니라 7,000원을 거스름돈으로 주었던 것이다.

나는 둘째 아들 선민이를 불렀다.

"선민아, 가게 아저씨가 거스름돈을 잘못 주었다. 네가 가서 이

5,000원짜리를 돌려주고 1,000원으로 바꿔 오너라."

아들은 두말없이 돈을 갖고 가서 바꾸어 왔다. 그런데 그 일 이후로 우리 가족과, 특히 둘째는 가게 아저씨와 아주 가까워졌다. 물건을 살 때마다 가게 아저씨는 제일 좋은 것으로 골라주고 종종 가격도 깎아준다. 겨우 4,000원을 돌려주었는데 우리 가정에 돌아온 것은 수십 배, 수만 배였다. 지금도 가게 아저씨는 "목사님, 둘째 어디 갔나요? 요즈음 잘 보이지를 않네요?"라고 묻는다. 그럼 나는 "공부하러 다른 데 갔다"고 말해준다. 그 아저씨가 나보다 우리 둘째를 더 챙기는 것 같다.

정직한 심장은 사람의 마음을 부드럽게 하고 믿을만한 세상, 웃을 수 있는 세상을 만든다. 이런 세상을 우리 예수쟁이들이 만들어 갔으면 한다.

심장을 뛰게 하는 기도

성도의 기본은 기도이다. 내가 우리 직원들에게 늘 하는 이야기는 "기도하지 않고 하루를 시작하면 내가 하루를 살아가는 것이고, 내가 기도하며 하루를 살아가면 하나님의 기적을 보게 된다"는 것이다. 기도하는 사람은 일이 잘 되면 하나님의 은혜이기에 감사할 수 있고 안 되면 더 기도하라는 것으로 알고 기나릴 수 있기 때문이다. 그러나 기도하지 않으면 모두 재수가 없거나 다른 사람이 방해해서 그렇게 된 것이라고 생각해서 불평과 불만이 가득한 사람이 될 것이다.

그러니 학생은 공부하기 전에 기도하라. 시험치기 전에도 기도하

라. 그러면 주님의 뜻을 발견하게 될 것이다. 사업가는 사업을 시작하기 전에 기도하라. 그러면 주님이 당신의 사업을 책임져 주실 것이다. 기도하면 이루어지지 않는 일이 없다.

나는 매년 새해를 신년 수련회로 갖고 기도의 제목을 수첩에 적어놓고 기도한다. 그렇게 1년이 지난 다음 기도수첩을 열어보면 나의 심장이 뛴다. 하나님은 내 기도 제목의 10배, 100배로 축복해주신 것을 발견하기 때문이다. 기도하였기에 하나님의 일하심을 경험할 수 있고 겸손할 수 있는 것이다.

나는 매일 새로운 하루를 시작할 때 후원자들의 기도 제목을 놓고 기도하는 것으로 시작한다.

"하나님 이들의 가정, 사업, 교회에 하나님의 인도하심과 돌보심으로 첩경의 길을 넘어 축복의 길로 가게 하옵소서. 비록 실수하고 넘어진다 할지라도 주님이 오른손으로 인도해 주시고, 질병과 아픔 때문에 흘리는 저들의 눈물을 씻어 주시고, 감사와 기쁨의 춤을 추게 하옵소서. 부족한 저희들을 믿고 오늘도 자신의 용돈과 병원비를 밀알을 위해 헌금하는 저들의 기도와 헌신을 보시고 축복의 강이 저들의 영육 간에 넘치게 하옵소서!"

심장을 뛰게 하는 기도는 하늘 문을 여는 열쇠이며 나의 삶을 돌아보고 축복으로 인도하는 축복의 문이라 말하고 싶다.

믿음의 실상

'믿음이란 무엇인가?' 이것은 내가 부흥회를 할 때 나의 설교 제목이다.

"믿음은 바라는 것들의 실상이요 보이지 않는 것들의 증거니 선진들이 이로써 증거를 얻었느니라"(히 11:1~2).

믿음이란 보이는 것이 아니다. 우리는 보이는 것을 믿는다고는 말하지 않는다. 보이는 것은 아는 것이다. 친구를 믿는 것, 아들을 믿는 것, 우리가 예수님을 믿는 것은 보이지 않는 것이다. 그런데 사람들은 보여주면 믿겠다고 한다. 믿음이란 지금 보이지는 않지만 나중에는 반드시 이루어지는 것이다. 아브라함도, 노아도 보지는 못했지만 약속을 믿는 믿음으로 의의 후사가 되었고 영생을 얻게 되었다.

지금까지 나의 삶을 돌아보면 오직 주님이 주시는 믿음으로 달려왔다. 주님의 말씀에 순종하면서 달려오니 주님이 가장 좋은 것으로 채워 주셨다. 내가 내 힘으로 하려고 하면 힘들고 어렵고 병들고 지쳐버린다. 하지만 주님의 말씀에 순종하면 모든 것이 평안하고 쉽다. 밀알심장재단을 내 마음대로 하려고 하면 내가 모든 것을 책임져야 하기 때문에 힘들고 어려웠다. 그러나 주님께 맡기면 쉽고 가볍고 즐겁게 이길을 갈 수 있다.

주님을 전적으로 신뢰함으로써 나의 믿음은 완성되어 갔다. 수술비가 부족해 기도할 때 하나님은 나의 기도에 응답하셔서 예수를 알지도 못하는 사람들이 수술비를 보내주고, 외국의 국회의원, 보건복지부 장관들을 만날 때도 믿음으로 기도하니 그들이 나의 동역자가 되었다. 수술비 문제로 기도할 때 하나님은 중국에서 사업을 하는 중국 사람들의 손을 통해 후원금을 보내주셨다. 놀라운 일이다.

믿지 못하는 것이 불행이다. 부부 관계에서도, 직장에서도, 교회에서도, 믿지 못하면 불행하다. 몇 년 전에 중국 아이를 한국 대학으로 초청하기 위해 서류를 준비하는데 일이 잘 되지 않았다. 알아보니 아이의 어머니와 아버지는 한국에서 아이를 공부시키는 것이 딸을 위한 길이라 생각해서 보내려고 하는데 아이의 오빠는 "하나뿐인 딸을 한국으로 보내면 팔아먹을 수도 있다"며 고집을 부렸다. 불신이 장벽을 만든 것이다. 이 문제로 온 가족이 고민을 하다가 결국은 어머니의 결단으로 한국으로 오게 되었다.

이 아이는 지금 한국에 있는 대학을 졸업하고 숙명여자대학원에 다니고 있다. 당시 아이의 한국행을 반대했던 오빠도 지금은 잘 보내었다며 좋아한다. 그러나 이 가정이 이 문제를 놓고 서로 계속 싸우며 관계가 나빠졌다면 결과가 좋지 못했을 것이다. 믿지 못하면 불안과 공포이고 믿으면 행복과 기쁨이다.

믿음이 무엇이냐고 내게 묻는다면 나는 "내가 한 번도 경험하지 못한 위대한 일을 주님의 이름으로 기대하는 것이 믿음"이라고 말하고 싶다. 예수님은 위대한 사람을 찾는 것이 아니다. 세상의 잣대로 보면 부족하고 모자라고 쓸모없는 사람이지만, 주님은 당신의 말씀에 순종하는 믿음의 사람을 찾아 위대한 사람으로 만들어 가신다는 것을 발견하게 되었다.

성공하는 사람들은 특별한 게 있다

나는 성공한 CEO들의 자서전을 많이 읽는다. 고인이 된 현대그룹 정주영 회장, 삼성의 이병철 회장, 대우의 김우중 회장, LG그룹의 구자경 초대회장 등 일선에서 물러난 총수들뿐만 아니라 현재의 그룹 총수들이 말하고 생각하고 나누는 일에 관심이 많다.

이들은 한국의 미래를 보고, 세계 경제의 흐름을 예측하며, 직원들을 어떻게 관리하고, 사업의 목적은 무엇이며, 인류 공영에 어떻게 이바지할 지를 고민하기 때문이다. 이들의 경험과 삶은 나에게 많은 도움이 된다. 물론 이들은 신앙적인 측면에서는 도움이 되지 않지만, 이들이 개척정신으로 고난과 역경을 극복해가는 과정은 내게 많은 도전을 주었다. 믿지 않는 자들도 성공을 위해 그렇게 생명을 거는데 나는 과연 주님의 일을 위해 생명을 걸고 있는가?

몇 년 전 나는 인천 주안장로교회에서 가장 전도를 많이 한 안강자 권사를 만났다. 그때 나는 안 권사님에게 물어보았다.

"어떻게 그렇게 전도를 많이 하셨는지요?"

이 물음에 안 권사님은 이렇게 대답했다.

"목사님, 나는 남들이 가장 힘들고 어렵고 안 된다는 집에 갑니다. 그럼 그들은 수일 내에 전도가 됩니다. 그 이유는 모든 전도자들이 그집을 찾아 갔을 것이고, 한 번만이 아니라 두 번, 세 번 찾아갔을 테니 내가 조금만 더 찾아가면 귀찮아서라도 교회에 오기 때문입니다. 세상에 안 되는 것은 없습니다."

생각이 다른 것이다. 남들은 다 안 된다고 할 때 이분은 안 되는 것은 없다고 한다. 생각의 차이가 행동의 차이다. 그 차이가 생명을 살리는 것이다.

순천으로 집회를 갔을 때다. 집회를 마치고 집으로 가려고 하는데, 순천 엘림교회 안정순 목사님이 나를 보고 '진돗개 전도왕' 박병선 집사를 만나보라고 했다. 그래서 바로 전화를 했다. 박 집사님은 광주 집회를 막 끝마친 상태라고 말했다. 그래서 내가 집사님의 집으로 방문을 하겠다고 했더니 박 집사님이 오히려 순천으로 오겠다는 것이었다.

그래서 지금 바로 출발하면 밤11시 30분 정도에 도착할 수 있는데, 오시면 숙소도 잡아주고 야식도 대접하겠다고 했다. 우리는 밤 11시 40분쯤에 만나 사무실에서 함께 기도하고 식당으로 갔다. 박 집사님의 열정은 정말 대단했다. 밤 12시 정도 되었는데 "내가 밥을 사 주었으니 3~5시간 정도는 자신의 말을 들어주어야 한다"는 것이었다.

참으로 난감했지만 소개한 목사님 체면도 있고, 또 지금 가봐야 숙소에서 자는 게 전부이니 이 분을 통한 하나님의 뜻도 알아볼 겸 함께 있었다. 그런데 무려 3시간을 계속해서 이야기를 했다. 그것도 혼자서. 대부분이 자신의 이야기와 전도 이야기 등이었다. 함께 있던 목사님은 피곤한 모양이었다. 그래도 박 집사님은 계속해서 이야기를 했다.

나는 박 집사님의 이야기를 들으며 정신이 번쩍 들었다. 내가 목사인데 이 집사님은 밤 12시부터 3시간을 죽기 살기로 이야기 하지 않는가? 나는 주님의 복음과 심장병 환자들을 위해 이렇게 열정적으로 사역을 하고 있는가? 스스로에게 물어보지 않을 수 없었다.

성장하는 교회의 목사님들을 만나보면 대부분 비슷했다. 그들에게는 뭔가 성공할 수밖에 없는 요소들이 있었다. 말만 많고 불평만 늘어

놓으며 준비하지 않는 자에게 성공은 없다. 고난과 역경의 터널을 통과한 자들만이 성공의 노래를 부를 수 있다.

그런데 요즈음의 교인이나 학생, 청년들은 고난과 역경은 피한 채 성공만 얻기를 원한다. 그러나 생각해보라. 항상 좋은 날씨, 평안한 날만 계속되면 바다는 적조로, 들판은 사막으로 변해 모든 사람들이 죽게 될 것이다. 때로는 태풍이 불고, 비가 오고, 눈이 오고, 죽을 만큼 추워야 벌레도 죽고 씨앗도 더 튼튼해진다는 사실을! 심장병 아이들도 죽음의 터널을 지나야만 비로소 새로운 심장으로 살아나는 것이다.

메이드 인 코리아

1990년대만 해도 해외를 나가보면 한국 제품에 대한 인식이 별로 좋지 않았던 것 같다. 그런데 우리나라의 근성과 정직 그리고 성실과 품질이 세계인의 마음을 사로잡는 것 같다. 일본을 조금씩조금씩 밀어내기 시작하더니 이제는 한국 제품들이 외국의 가정과 사무실을 점령하고, 도로에는 현대와 기아의 자동차들이 눈에 띄게 늘고 있다. 동남아에서는 중고차들이 점차 한국 차로 바뀌고 있다.

국내에서는 국산차가 너무 비싸다고 말하지만, 동남아에서는 국내의 새 차 가격과 중고자의 가격이 비슷하다. 이런 변화하는 한국의 위상을 바라보며 이제 우리나라도 자부심을 가질만하다는 생각이 든다.

심지어는 노는 것도 우리나라가 잘하는 것 같다. 대학생들이 베트남에 봉사를 하기 위해 교수들과 함께 왔는데, 이들이 보여준 노래와 춤이 베트남과 세계 여행객들의 마음을 사로잡는다. 한국의 문화가 세계인들의 눈에 매력적으로 비치는 것이다. 나는 그런 모습을 보면서 한국의 선교도 서서히 전 세계에 영향을 미칠 것이라고 생각한다.

해외를 다니다보면 대한민국이 힘이 있어야 선교도 할 수 있고, 신앙도 지킬 수 있다는 것을 절실하게 깨닫게 된다. 밀알심장재단은 한국에서 시작한 그야말로 '토종'이다. 그렇다면 다른 나라의 구호 단체와는 다른 무엇인가를 보여주어야 한다. 전 세계인의 마음을 사로잡을 '토종의 힘'은 무엇일까?

나는 그 출발점을 사람 키우는 일에서 찾는다. 그 나라의 일꾼, 그 나라의 사람으로, 그 나라의 심장병 환자들을 위해 일할 때 위대한 하나님의 일들이 일어날 것임을 나는 굳게 믿는다.

대한민국 대통령에게 제안한다

우리가 어렸을 때는 어른들이 "너의 꿈이 무엇이냐?"고 물으면 "대통령이 되겠습니다"였다. 그렇지 않으면 "장군이 되겠습니다"였다. 그래서 우리는 어릴 적에는 "나는 나는 될테야. 대통령이 될테야. 그래 그래 되어라" 하는 노래도 있었다.

그런데 요즈음의 젊은이들, 학생들의 꿈은 연예인이다. 그렇지 않으면 돈이 1위를 차지한다. 민족을 위해 희생하고 헌신하는 대통령은 존경하는 인물에 속하지도 못한다. 대한민국의 위기다. 대통령은 우리의 모범이고 자랑스런 지도자가 되어야 하는데 요즈음은 그렇지가 못한 것이다.

그래서 조언을 하고 싶다. 대통령은 자신의 임기가 끝나면 더 이상 정치에 참여하지 말고 봉사활동에 전념하기를 제안한다. 미국의 지미 카터 전 대통령은 가난한 사람들을 위한 집짓기를 하며 전 세계에 미국을 알리고 존경을 얻는다.

지난 1983년 미국의 레이건 대통령과 낸시 여사가 우리나라를 방문하여 심장병 환자를 미국으로 데려가는 모습이 방송에 소개되었다. 이제 우리가 그 빚을 갚을 때가 되었다. 우리나라 대통령은 은퇴하면 경제 협력만 하지 말고 어려운 나라의 심장병 환자들에게 사랑을 나누는 일을 하면 어떨까? 나는 이 제안을 노무현 대통령 재임시에도 건의했고, 이명박 대통령에게도 제안했지만 번번이 밑에서 차단당했다.

나는 우리나라 대통령들이 이 문제를 다시 한 번 생각해봤으면 좋겠다. 전직 대통령들이 전 세계의 심장병 환자를 가슴에 안고 새 생명을 주는 일에 동참한다면 정말 의미 있는 일이 될 것이라고 생각한다. 그렇게 된다면 우리나라의 젊은이들에게도 소망을 주는 대통령이 될 것이다.

다시 한 번 요청한다. 우리나라의 대통령들이여, 심장 뛰는 일에 동참해보라!

교회 중심, 선교사 중심

우리 밀알은 한국 내에 지부를 두지 않는다. 그동안 많은 목사님과 장로님들이 밀알의 지부를 하겠다고 자원했다. 한국기아대책 같은 단체들은 우리보다 늦게 태동했지만 지부를 두면서 크게 성장했다. 나도 알고 있다. 지부를 두면 더 많이 성장할 수 있고, 사람들의 관심을 얻을 수도 있고, 후원도 많이 들어온다는 것. 그러나 내가 생각하는 사역은 지부 중심의 사역이 아니다.

내가 생각하는 사역은 교회 중심, 선교사 중심의 사역이다. 이 땅에 교회가 있는 이유가 무엇인가? 하나님 사랑, 이웃 사랑 아닌가? 그럼 선교회의 목적은 무엇인가? 교회가 놓치고 돌아보지 못해 손이 닿지 않는 이웃들을 챙겨 한국 교회를 든든하게 세워가는 것이 아닌가?

그래서 나는 큰 단체가 있는 것도 중요하지만, 단체보다는 교회가 영향력을 발휘할 수 있도록 만들어주는 것이 중요하다고 생각한다. 그런 생각 때문에 나는 우리 밀알이 지부를 두는 것 보다는 각 교회에서 심장병 환자들을 돕기 원한다. 지역 교회들이 주변의 어려운 심장병 환자들을 도움으로써 지역사회에 좋은 소문이 나고 복음이 전파되기를 원한다.

우리가 일을 하다 보면 교회의 협조가 없어 낭패를 볼 때가 많다. 우리가 행사를 가면 목사님과 장로님들이 헌금이나 후원도 없이 그냥 보내는 경우도 있다. 그럼 우리가 포스터, 팸플릿, 인쇄비, 가수들 차비 등을 다 감당해야 한다. 그럴 때 나는 우리 직원들에게 교회가 원하는 대로 하라고 한다. 안 되는 것을 억지로 한다고 도움이 되지 않음을 알기 때문이다. 그럴 때는 하나님이 다른 방법으로 반드시 채워주신다.

우리는 돈을 벌기 위해 사역하는 것이 아니다. 그렇다고 명예를 위해 사역하는 것도 아니다. 우리는 주님의 사랑을 실천하기 위해 사역한다. 그래서 필요한 모든 것은 주님이 넉넉히 채워주신다. 그것을 믿기에 우리는 늘 감사할 뿐이다.

선교지에서도 선교사의 사역을 도와 가정이 구원을 받고, 마을이 복음화되며, 민족이 구원받는 것이 중요하다. 인도에서 심장병 어린이를 수술시켜 주니 아이가 자라서 목사가 되고, 동남아에서는 자신의 집을 교회로 내놓아 선교사들의 사역이 시작되기도 한다. 그래서 나는 단호하게 말한다. 하나님의 나라는 교회 중심으로, 선교지는 선교사 중심으로 이루어져야 한다.

뿌린 대로 거두게 하시는 하나님

주님은 사람이 무엇을 심든지 뿌린 대로 거둔다고 가르치셨다. 그런데 욕심이 많은 사람들은 그렇게 생각하지 않는다. 적게 심고 많이 거두려고 한다. 그러다보니 편법을 사용하게 된다. 하지만 성경은 분명히 자기가 뿌린 대로 거둔다고 말하고 있다.

얼마 선에 나도 이런 기적을 보게 되었다. 둘째 아이가 고등학교를 입학해야 하는데 큰 애가 고3이어서 많이 힘들었다. 경제적으로 큰 부담이 되었던 것이다. 나는 베트남과 중국, 몽골에서 심장병 수술을 받은 학생들을 국내로 데려와 대학과 대학원에 진학할 수 있도록 지원하고 있다. 그러다보니 내가 받은 부흥회 강사료와 설교비는 모두 이 아이들의 학자금과 생활비로 들어가고 있다. 이 아이들의 뒷바라지를 하다 보니 정작 우리 아이들에게는 제대로 학비를 대줄 수가 없었다.

그래서 나는 둘째인 선민이에게 고등학교를 장학생으로 가든지 아니면 검정고시를 하라고 말했다. 그랬더니 선민이는 내 말을 순순히 받아들여 인도 국제학교와 한국의 꿈의학교 두 곳 가운데 한 곳을 장학생으로 들어가기 위해 기도를 시작했다. 얼마 후 선민이는 꿈의학교에 지원하겠다고 밝혔다.

그런데, 꿈의학교는 단 한 명만 장학생으로 선발했다. 원서를 제출하기 위해 중학교 담임교사를 만났는데, 우리를 '악질 기독교 집안'이라며 추천서를 써주지 않았다. 좋은 정규 고등학교를 마다하고 굳이 기독교 대안학교를 보내려고 하는지 이해할 수가 없다는 것이었다.

처음에는 아내가 담임선생님을 만났다. 하지만 안 되어서 내가 직접 찾아갔다. 내가 아들의 학교를 직접 찾아가기는 처음이다. 아이의 학교를 향해 가면서 내가 참으로 무정한 아버지였다는 생각이 들었다. 그럼에도 불구하고 선민이가 공부도 잘하고 믿음으로 자라준 것에 감사를 드렸다.

나는 교장 선생님과 담임선생님을 모두 만났다. 인도 국제학교와 꿈의학교 이야기를 하고 두 곳 모두 추천서를 부탁했다. 담임선생님에게는 그동안 우리 아들을 잘 돌보아 주셔서 감사하다고 인사를 했다. 그리고 좋은 학교로 보내기 위해 애쓰는 선생님의 노고에 감사드린다고 말했다.

추천서를 받고 돌아오면서 많은 생각을 했다.

'그래, 우리 아들이 하나님의 나라와 민족을 위해 무엇인가를 선택할 때 세상 사람들은 그것을 인정해주지 않고 이해도 하지 않지만, 나는 우리 아들을 믿어주자. 그 아이의 믿음이 자신의 앞날을 축복 할 것으로 믿는다.'

선민이는 꿈의학교 캠프에 참여했고 하나님의 은혜로 장학생이 되었다. 나는 선민이가 꿈의학교에 합격했을 때 온 가족이 모여 예배를 드리고 두 아들에게 이런 이야기를 했다.

"아버지가 너희들을 돕는 데는 한계가 많고 못하는 것이 많지만, 하나님은 너희에게 전 세계의 모든 것을 다 동원하여 공부하게 하고 이 땅에서 승리할 수 있도록 도와주실 것이다. 그러니 아버지를 의지하지 말고 하나님을 믿고 영국, 미국, 프랑스 등 전 세계를 바라보며 승리하기를 바란다."

우리 집은 행복한 다국적 가정

가족이라는 말은 참 행복하다. 나는 어렸을 때 가족의 정이 늘 그리웠다. 먹고 살기에 바빠 가족이 단 한 번도 외식을 한 일이 없다. 가족이 함께 둘러 앉아 밥을 먹은 기억도 없다. 살기가 힘드니까 서로 나뉘어지고 흩어져 있었다.

그뿐만이 아니었다. 결혼하고 아이를 낳아 가정을 이루었지만 사역이 너무 바빠 가정의 행복을 유지하기 힘들었다. 아이가 태어나는지, 우유는 제대로 먹는지, 공부를 하는지 안 하는지, 모두가 나와는 상관없는 일이었다. 그래서 나는 가족들에게 늘 미안했다. 하지만 하나님은 그렇게 부족한 나에게 전 세계의 심장병 환자들을 나의 딸과 아들로 삼아 주셨다.

이제 우리 가정을 소개하고자한다. 우리 집은 두 아들과 세 딸이 살고 있다. 이들의 국적은 한국, 베트남, 중국, 몽골이다.

첫째 딸 브우는 베트남 목사님의 딸로 한국 선교사님 밑에서 자랐다. 대학원 석사 과정을 밟게 하기 위해 한국으로 데리고 왔는데, 한국말을 잘하지 못했다. 그래도 석사 과정은 영어로 이루어졌기 때문에 곧 잘 따라갔다.

나는 학비만 주면 되는 줄 알았다. 고려신학대학교 김성수 총장을 만나서 도움을 요청했더니 학교에서 학비의 50퍼센트를 지원해주기로 했다. 그래서 나머지 50퍼센트는 내가 주기로 약속을 하고 박사 과정까지 공부시키기로 했다.

그런데 단순히 학비가 문제가 아니었다. 입는 것, 먹는 것, 학습 교재, 생활비 등이 학비보다 더 많이 들어갔다. 전혀 생각지도 못한 일이었다. 그렇다고 후원자들의 심장병 수술비로 아이를 공부시킬 수는 없는 일이었다. 그래서 브우를 지원하기 위해 부흥회를 시작했다. 나는 하나님께 기도했다.

"하나님, 이 학생의 생활비와 학비를 댈 수 있을 만큼만 부흥회를 인도할 수 있게 하옵소서."

하나님은 나의 기도에 정확하게 응답하셨다. 1년에 필요한 만큼, 그리고 내가 감당할 만큼만 부흥회를 인도하게 하셨다. 집회에서 설교를 하면 교회 목사님들이 100만 원도 주시고, 20만 원도 주셨다. 이것으로 브우를 공부시킬 수 있었다. 할렐루야!

둘째딸 마페페는 중국인이다. 초등학교 5학년 때 중국에서 수술을 했다. 마페페를 한국으로 초청하게 된 계기는 이랬다. 2007년 중국에서 행사를 한 후 가정방문을 갔는데, 한국의 목사님들이 이 아이와 부모에게 고등학교를 졸업하면 한국으로 초청해서 공부시켜 주겠다고 약속을 했다. 나는 이 약속을 지키기 위해 마페페를 한국으로 초청했다.

문화가 틀리고 사상이 틀린 아이, 그러나 4년이 지난 지금 너무나 좋은 사역자로, 믿음의 일꾼으로 성장하고 있다. 마페페의 학비는 한국 초청을 약속했던 두 교회에서 책임을 질 것으로 생각했는데, 막상 한국으로 데려오자 도와주지를 않았다. 그래서 이 딸도 내가 학비와 생활비를 감당해야 했다. 하지만 나는 돈보다도 이 딸이 변하고 주님을 닮아가는 모습에서 더 아름답고 큰 행복을 발견한다.

셋째 딸은 몽골의 헝그르졸이다. 헝그르졸은 고등학교 때 한국으로 데리고 와서 수술한 아이다. 고등학교를 졸업하고 4년 동안 장학금을 보내서 몽골 울란바르트 대학을 졸업시켰다. 그런 다음에는 한국의 서울여대사회복지과로 데리고 왔다. 결혼하여 아들까지 낳았지만 자신의 미래를 위해 이곳 한국까지 온 것이다. 헝그르졸의 남편도 아내를 따라 건국대학교 대학원에 입학해서 함께 공부하고 있다. 이들이 있기에 나는 행복하다.

넷째는 아들이나. 이름이 이선교다. 하나님의 나라를 위해 니누고 가르치며 살아가라고 이 이름을 지어 주었다. 그러나 나는 선교를 대할 때마다 미안하다. 선교는 내가 교회 교육 전도사로 20만 원을 받을 때 태어났다. 우유 값이 없어 우유를 먹이지 못하고 바로 밥을 먹였다. 그래서 선교는 늘 배가 고픈 아이다. 선교는 가난이 싫어서 공대를 가고 싶어 했는데 하나님의 은혜로 신학대학으로 진학했다. 모든 것이 주의 은혜다. 잘 커준 것만 해도 감사한데 믿음의 길로 가겠다고 결단해주었다.

다섯째 아들 이선민에게는 백성들에게 베풀며 사는 위대한 아들이 되라고 그런 이름을 지어 주었다. 나는 선민이에게도 미안한 게 많다. 선민이는 중학교를 졸업하고 난 후 고등학교로 진학하지 못했다. 외국의 누나들 때문에 돈이 없어 고등학교를 보낼만한 형편이 못 되었다. 내가 선민이에게 검정고시를 하라고 했을 때 그 아이가 얼마나 충격을 받았을까?

하지만 선민이는 그 결정을 담담하게 받아 들였다. 그러고는 꿈의 학교 장학생 시험을 치고 떨어지면 검정고시를 하기로 했다. 하지만 하나님은 선민이가 꿈의학교 장학생이 될 수 있도록 축복하셨다. 그것이 내게는 큰 위로가 되었다. 위대한 꿈을 꾸며 하루하루를 순종으로 살아가는 아들에게 나는 늘 감사할 뿐이다.

또한 장모님께도 늘 감사한다. 장모님은 나를 위해 새벽마다 기도하신다. 본인은 먹지 못해도 나를 위해 먹을 것을 준비하시고 갖고 계신 돈도 다 사위에게 주신 분이다. 그런 장모님과 함께 생활한 것이 19년이다. 너무 오래 함께 지내다보니 이제는 아주 익숙해져서 불편하다기보다는 오히려 장모님이 보이지 않으면 불안하다.

마지막으로 나의 아내 서영숙 사모에게 감사를 전하고 싶다. 아내는 우리 집의 행복을 위해 지난 20여년을 묵묵히 내 뒤에서 내조했다. 아내는 내가 외국인 딸들을 집으로 데려올 때도 전혀 반대하지 않았다. 하지만 많이 힘들었을 것이다. 나야 그저 데리고 오는 것으로 끝이지만, 그 아이들의 뒷바라지까지 다 해야 되니 여간 고생이 되는 것이 아니었을 것이다. 아들 둘을 공부시키고 돌보기도 힘에 부쳤을 텐데 3명의 외국 딸까지 돌보려니 육체적으로, 마음적으로 고생이 심했을 것이다. 그런데도 아내는 별 말 없이 내 곁에서 이 가정을 지켜주었다. 그 헌신에 진심으로 감사한다.

이렇게 해서 우리 집은 다국적 가정이 되었다. 가족이 중국어, 베트남어, 몽골어, 한국어를 뒤섞어 사용한다. 그래도 우리는 마냥 행복하다. 같은 심장으로 뛰고 있기에 가능한 일이다. 이런 행복을 허락하신 하나님께 감사드린다.

2,000번째 수술 환자와 축하 행사

2009년 8월, 밀알심장재단은 큰 행사를 준비했다. 밀알이 수술을 시작한 이후 2,000번째 환자를 수술하게 되었기 때문이었다. 그런데 나는 어찌할 바를 모르고 있었다. 이렇게 큰 행사를 준비해보기는 처음이었기 때문이다. 도대체 무엇부터, 어디서부터 준비를 해야 할 지 도무지 알 수 없었다. 무척 힘이 들었다.

하지만 내게는 하나님이 있었다. 나는 염려하고 걱정하는 일은 예수쟁이의 몫이 아니라고 생각한다. 하나님을 진심으로 믿는 사람에게 염려와 걱정은 어울리지 않는 일이다. 일을 시작하기도 전에 돈, 시간, 환경, 나이 등을 들먹이며 어려운 점만 끄집어내는 사람은 일을 시작해도 실패하기 마련이다. 주님은 "너의 믿음대로 된다"고 가르쳐주셨기 때문이다.

가장 우선적으로 해야 할 일은 후원자들의 초청이었다. 나는 해외의 모든 지부장들과 환자 대표들을 초청하기로 했다. 또 우리 밀알을 10년 이상 꾸준하게 지원한 모든 후원자들을 초청하기로 했다. 행사의 설교는 한국기독교총연합회 회장, 축사는 국회의장과 각 당 대표들 그리고 보건복지부 장관에게 부탁하기로 했다.

다음은 장소를 마련하는 일이었다. 충분한 공간을 갖추고 있고, 손님들이 찾기 쉽고 주차도 편한 곳이어야 했다. 그런 요건을 갖춘 교회는 찾기 어려운 것 같아서 CTS기독교텔레비전 본사에서 하기로 했다.

그런데 놀라운 일이 벌어졌다. 우리가 행사를 하기로 한 날은 2009년 12월 1일이었다. 헌데 공교롭게도 이 날이 방송국의 창립기념일이었다. 그래서 행사장을 방송국에서 사용하기로 되어 있었던 것이다. 그날 외에는 성탄절에만 예약이 비어 있었다. 나는 믿음을 갖고 "우리가 1일 날 사용하고 방송국은 다른 장소로 옮기면 안 되겠습니까?"하고 물었다. 그랬더니 방송국에서는 조금 기다려달라고 말했다. 나는 기다렸다. 방송국에서는 얼마 후 "그렇게 하라"고 연락을 해왔다. 할렐루야! CTS 기독교텔레비전 감경철 회장님의 배려로 우리는 기적적으로 행사 장소를 마련할 수 있었다.

다음으로 가장 중요한 일이 남아 있었다. 그것은 2,000번째 수술 환자를 찾는 일이었다. 그런데, 이 일이 그리 쉽지가 않았다. 어렵고 힘든 사람들에게 희망과 소망을 주는 모델을 세우는 것인데, 아무나 섣부르게 세울 수는 없었다. 그래서 서울대병원, 부천세종병원, 길병원, 백병원, 고신의료원 등에 협조 공문을 보냈다. 그런데도 별다른 효과가 없었다.

나는 주님께 기도했다.

"주님, 아무리 어려워도 편법은 쓰지 않겠습니다. 주님이 저희에게 가장 필요한 사람을 보내주실 것이라고 믿습니다!"

그 사이 서울시 교육청에서 두 명의 환자를 추천했다. 하지만 수술 불가 판정이 났다. 다른 병원들에서도 추천을 했지만 수술을 하지 않아도 되거나, 혹은 수술을 할 수 없는 위험한 환자들이었다. 나로서는 별다른 방법이 없었다. 더 많이 기도하고 더 많이 노력하는 수밖에 없었다.

일단 2,000번째 환자를 결정하고 수술을 하면 각종 방송과 언론을 통해 보도가 될 것이다. 우리로서는 책임감을 느끼지 않을 수 없었다. 그래서 열심히 찾았지만 단순히 사람의 힘만으로 이루어질 수 있는 일은 아니었다. 밀알에 가장 의미 있는 한 사람을 찾는 데는 무엇보다 주님의 손길이 필요했다.

그렇게 초조한 시간들이 흘렀다. 한 달쯤 되었을까? 드디어 한 명의 후보가 나타났다. 시골에 사는 아이였다. 나이는 7살, 수술비가 없어 지금까지 수술을 하지 못하고 있었다. 아이의 이름은 이재원이었다. 이 아이의 가정은 교회도 나가고 있었다. 할렐루야! 하나님은 하나님의 시간에 가장 완벽한 사람을 우리에게 보내주셨다.

후원을 얻어 행사를 진행해야 한다는 것도 내겐 큰 부담이었다. 후원자들이 어떻게 생각할지 알 수 없고, 필요한 경비를 다 맞출 수 있을지도 미지수였다. 밀알은 지금까지 단 한 번도 후원자들에게 감사패를 주거나 이런 식의 대규모 행사를 한 적이 없었기 때문이다.

어쨌든 감사패를 가장 싼 가격에 협조를 받아 준비할 수 있었고, 초청 인사들이 헌금을 해줘서 장소비도 충당할 수 있었다. 우리는 전국의 우리 후원자들과 목사님, 사역자들, 외국의 지부장들을 모두 초청했다. 인원이 많다보니 행사를 원활하게 진행시킨다는 것이 여간 힘든 일이 아니었다.

감사패를 주는 데만도 엄청난 시간이 들었다. 다행스러운 것은 김석균 선교사님과 최미 사모님이 사회를 은혜롭게 봐주시고, 많은 사역자들과 목사님, 후원자분들이 참석해 행사를 빛내주었다. 장애가 있는 한 후원자는 경남 진해에서 불편한 몸을 이끌고 서울까지 올라와 내 손을 잡으면서 "감사하다"고 인사를 하는데, 나는 그만 눈물을 흘리고 말았다. 수술해주는 병원의 의사와 간호사들, 밀알을 위한 봉사자들, 수술 환자들, 그리고 보이지 않는 곳에서 헌신하는 많은 분들이 행사를 함께 해주었다.

우리는 처음부터 초청 인원을 300명으로 제한했다. 행사 장소인 CTS기독교텔레비전의 강당이 300명밖에 들어갈 수 없었고, 참석 인원이 300명을 넘으면 주차에도 문제가 발생했다. 사실 초대해서 감사를 표해야할 후원자들의 수에 비하면 이 300명은 턱도 없는 숫자였지만, 여러 가지 여건 상 어쩔 수가 없었다. 나로서는 초대하지 못한 분들에 대한 미안한 마음을 어떻게 표현해야 할지 알 수 없었다.

다행이도 행사는 은혜가 넘쳤다. 처음 수술자 박지혜, 중국 수술자 마페페, 2,000번째 수술자 이재원 어린이 등이 참석했다. 또 다른 수술 받은 환자들도 참석해서 은혜와 감동이 넘치는 축제의 자리가 되었다. 나는 이번 행사를 통해 우리의 기도 하나하나, 우리의 말 하나하나가 저들에게 희망이 되고 소망이 되기를 진심으로 기도했다.

첫 번째와 두 번째 수술 환자 찾기

밀알의 2,000번째도 수술 환자를 준비하면서 사실 나는 밀알의 첫 번째 수술 환자였던 박지혜와 두 번째 수술 환자였던 차하나를 찾아보려고 생각했다. 이들을 찾아야 2,000번째 수술이라는 의미가 비로소 더 깊게 다가올 것 같았다.

그래서 고신의료원과 복음병원을 찾아갔는데, 너무 오래되어서 박지혜와 차하나의 신상명세서를 찾을 길이 없었다. 할 수 없이 내가 직접 이 아이들을 찾아 나섰다. 주민번호 하나만 갖고 내가 이용할 수 있는 방법이란 방법은 다 활용했다.

하지만 간신히 물어 이 동네로 가면 다시 저 동네라고 하고, 그 동네를 찾아가면 다시 저 동네라고 했다. 고생이 이만저만이 아니었다. 하지만 그런 고생 끝에 두 아이의 주소를 얻게 되었다. 나는 먼저 박지혜를 찾아 나섰다.

알려준 주소로 찾아갔는데 이미 이사를 간 뒤였다. 맥이 풀렸다. 그런데 어떻게 그곳에서 박지혜의 전화번호를 얻을 수 있었다. 이 아이를 만나는 것이 도대체 얼마만인가? 나는 전화를 걸었다.

"여보세요, 혹시 박지혜씨입니까?"

그러자 상대편에서 "그렇습니다"하고 대답을 했다.

"그래요? 그럼 지혜씨 심장 수술 받은 것 기억나나요?"

"네!"

"그래요, 나는 밀알심장재단 목사입니다. 지혜씨를 수술해 주었던 사람입니다. 한 번 만나고 싶은데 언제가 좋을까요?"

박지혜가 이틀 뒤에 만나자고 해서 그렇게 약속을 했다.

다음은 차하나였다. 살던 동네를 돌고 돌기를 몇 시간째, 도무지 찾을 길이 없었다. 사람 찾기 일이 이렇게 힘들 줄이야! 나는 "주님, 도와주옵소서"하는 기도가 절로 나왔다. 밤 10시가 훌쩍 넘은 시각, 나는 포기할까 하다가 마지막으로 한 집만 더 가보자는 심정으로 다음 집을 찾아갔다.

문을 두드리자 젊은 남자가 나왔다.

"혹시, 차하나씨 집이 아닙니까?"

그러자 그 청년은 "누나는 지금 집에 없는데요"하고 대답했다.

그래서 그럼 어디에 있느냐고 물으니 학교에 다닌다는 것이었다. 그럼 아버지는 어디 계시냐고 물으니 일하러 갔다는 대답이었다. 나는 그 청년에게 아버지와 통화할 수 있게 연결을 해달라고 부탁했다. 전화가 연결된 차하나의 아버지는 그저 연신 미안하다는 말뿐이었다.

나는 아버지에게 다음에 한번 찾아뵙겠다고 말하고는 전화를 끊었다. 나로서는 두 아이의 집이 모두 잘 살고 아이들이 훌륭한 사람이 되길 바랐지만, 두 아이는 여전히 힘든 생활을 계속하고 있었다. 그런 모습에 내 마음이 너무 아팠다. 하지만 그래도 이들을 찾을 수 있었음에 나는 하나님께 감사를 드렸다. 그들이 바로 나의 생명과도 같은 딸들이었기에….

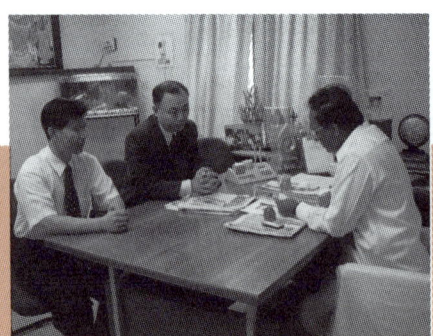 

인도 보건복지부 장·차관과 함께

❝심장병 환자들이 마음껏 달리는 그날까지❞

밀알의 지난 25년을 돌아보면 모든 것이 주의 은혜다. 나의 나 된 것이, 내가 사역하는 모든 것이 하나님의 은혜임을 고백한다. 아무런 소망이 없고, 아버지와 어머니, 친형제들도 돌아보지 않는, 그야말로 희망이 없는 자의 아버지가 되어주셨고, 죽음의 한 가운데서 천사를 보내어 나를 보호하시고 살려주시며 새로운 심장이 뛰는 일을 맡겨주심에 몸 둘 바를 모르겠다. 이 모든 감사와 영광을 오직 주님께 올려드린다.

또한 수많은 분들의 기도와 사랑, 후원과 격려가 오늘의 나를 있게 만들었다. 모교회인 동림교회 전선도 목사님과 성도님들은 나를 위해 새벽마다 기도해주시고 후원해주셨다. 내가 대우조선해양에서 근무할 때 섬기던 거제도 섬김의교회 김은성 목사님과 성도님들, 나의 멘토가 되고 인도자가 되어준 장종현 목사님, 윤장운 목사님, 형님처럼 늘 함께 해준 강동명 목사님, 힘들 때면 언제나 풍성하세 도움을 주시는 동일교회 이창한 목사님과 장로님들 그리고 성도님들께 감사를 드린다.

밀알심장재단이 시작되면서 많은 분들이 도와주시었다. 어려운 가운데 말없이 나와 함께 이 사역을 해주신 김상복 목사님, 장기진 목사님, 정성훈 목사님, 배광호 목사님, 목익수 목사님, 양일호 목사님, 신건일 목사님, 최홍준 목사님, 이경전 목사님, 탁동주 목사님, 김종이 목사님, 채영남 목사님, 정현기 장로님, 정금출 장로님, 김유성 장로님 등 많은 주님의 종들에게 머리 숙여 감사를 드리며 또한 서울에서부터 제주도까지 많은 교회 목사님들이 나의 손을 잡아주었고, 심장병 환자를 위해 기도해주었고, 물질로 도와주신 모든 분들께 감사를 전한다. 쉼 없이 밀알 사역에 동참하는 찬양 사역자들에게도 깊은 감사를 전하며, 저들의 찬양이야말로 천상을 울리는, 아니 심장을 뛰게 하는 찬양이 되었다고 말하고 싶다.

아울러 전 세계에서 죽어가는 심장을 뛰게 하는 나의 동역자 지부장들에게 감사를 전한다. 늘 심장병 환자들만 살피느라 제대로 돌아보지 못한 나의 사랑하는 간사들, 풍족한 사례도 받지 못하고 시간도 자유롭지 못한 채 가장 힘든 사역의 중심에서 누구도 하지 않으려고 하는 일을 묵묵히 감당해주는 간사들, 오로지 죽어가는 심장을 살리기 위해 몸부림치는 간사들에게 감사를 드린다.

마지막으로 자원 봉사자들에게 감사를 전하고 싶다. 한 해 10여 개국에서 이루어지는 봉사 활동에는 적게는 30명에서 많게는 100여명이 동참한다. 자신의 모든 것을 내려놓고 빚까지 내서 온 가족의 손을 잡고 동참하는 자원 봉사자들의 모습에 나는 늘 감격할 수밖에 없다. 하나님은 이들의 뛰는 심장 때문에 외국 사역에서 하나님의 기적을 체험케 하신다.

전 세계의 심장을 뛰게 하는 일은 이제부터 시작이다. 더 많은 심장병 환자들에게 희망을 주고, 소망을 주며, 심장이 뛰는 일에 사역자로 세울 것이다. 나는 어느 나라를 가든 그곳의 심장병 환자들이 수술을 받을 때 꼭 하는 말이 있다.

"사랑하는 자녀의 수술을 기다리고 있는 부모 여러분, 여러분은 이제 밀알심장재단의 가족입니다. 그동안 심장병이 여러분의 고난이고 아픔이며 눈물이었다면, 이제 밀알심장재단을 만남으로써 그것이 축복이 되고 소망이 되며 기쁨이 될 것입니다.

여러분의 자녀는 심장 수술을 받고 이제 뛰는 심장으로 살아날 것입니다. 그럼 여러분은 이 아이들을 위해 무엇을 하시겠습니까? 비록 여러분이 먹지 못하고 힘들다 해도 여러분의 자녀들을 대학까지 공부시켜 주십시오. 그런 다음에는 저에게 도움을 요청하십시오. 대학원의 학비는 제가 돕겠습니다. 그래서 여러분들의 자녀를 나보다, 의사들보다 위대한 사람으로 만들어 보십시다.

그리고 예수를 믿으세요. 주님만이 여러분과 여러분의 자녀들의 모든 문제와 염려를 해결하여 주실 것입니다. 오늘도 여러분과 여러분의 자녀를 위해 수많은 한국의 목사님들과 예수 믿는 사람들이 기도하고 있다는 것을 잊지 마십시오. 여러분과 여러분의 자녀들의 심장이 힘차게 뛰는 그날까지 우리는 늘 함께 할 것입니다."

밀알심장재단은 비록 가진 것이 없고 외상으로 수술하지만, 전 세계 모든 심장병 환자들이 마음껏 이 땅을 달리는 그날까지 우리의 사역을 계속해 나갈 것이나. 나는 더 많은 심장병 환자들이 수술 빚고 가닌 에서 벗어나 가정을 살리고, 마을을 살리고, 나라를 살리는 위대한 지도자들이 될 수 있도록 이 책의 수익금은 이들의 장학금으로 사용할 것이다.

심장이 뛰는 일에 동참하는 모든 분들에게 감사를 드린다.

_2010년 3월,
인도 밀알 심장병 환자 캠프에서 이루어진
인사말과 소감문들

_밀알심장재단 2,000번째 심장병 환자 수술 기념식에서
이루어진 인사말들

모든 심장병 환자들이 마음껏 뛰어노는 그날까지

- 이정재 회장의 인사말

이 자리에 오신 여러분들을 밀알심장재단 대표로서 감사드립니다. 밀알심장재단 가족 여러분 환영합니다. 여러분들을 사랑합니다. 그리고 우리 가족들을 위해 도와주신 모든 분들에게 감사드립니다.

인도 오릿사 정부와 이번 행사에 참여해주신 보건복지부 장관과 SCB병원 수술팀과 인도 밀알심장재단의 식구들과 한국의 많은 후원자들에게 감사드립니다. 특별히 오늘 심장 캠프에 참여해주신 한국 포항 선린병원에도 감사드립니다.

여러분들은 인도 밀알심장재단의 가족일 뿐만 아니라 한국, 중국, 몽골, 베트남 등 여러 나라에서 수술 받은 환자들과 함께 밀알 가족입니다. 밀알심장재단을 기억하시고 긍지를 가지시기 바랍니다.

우리의 비전은 '전 세계의 모든 심장병 환자들이 마음껏 뛰어노는 그날까지'입니다. 이 일은 여러분들과 함께 할 것입니다. 하나님의 축복이 인도 땅과 밀알의 모든 가족들에게 함께하기를 주님의 이름으로 축복합니다. 감사합니다.

밀알의 사역이 더욱 확산되길 소망합니다

- 인도 보건복지부 장관의 인사말

인도 오릿사에는 많은 심장병 환자들이 있습니다. 이전에도 많은 심장 수술이 행해지기는 했지만 여전히 많은 환자들이 혜택을 받지 못하고 있습니다.

밀알심장재단이 심장병 환자 수술을 오릿사로까지 확장한 이후, 많은 환자들이 수술의 기회를 얻게 되었으며, 이에 따라 오릿사 정부는 밀알심장재단의 일을 귀하게 여기고 있으며 계속적인 노력을 아끼지 않을 것입니다.

이정재 회장님이 이 귀한 일을 시작하여 오릿사뿐만 아니라 다른 지역으로 확장하고 있다니, 칭찬을 아끼지 않습니다.

오릿사 정부도 NHIS(국가건강보험프로그램)를 통해 심장병 환자들을 돕는데 적극 지원 하겠으며, 앞으로도 정부 병원이나 심장병 환자를 위한 병원 설비 투자 방법을 모색하겠습니다.

특별히 밀알심장재단이 정부 병원인 SCB병원과 이 일을 함께하는 것을 고맙게 생각하고 있으며, 이 일이 오릿사뿐만 아니라 수술 혜택을 받지 못하는 다른 지역으로까지 더욱 확산되기를 기대합니다.

감사합니다.

귀한 사역에 하나님의 기름부음이 계속되길…

- 익산 고현교회 최창훈 담임목사의 글

"Do you love Jesus?"

"Yes! I love Jesus. Jesus is in my heart!"

아이들의 또렷한 대답 소리가 강당을 울린다. 인도 하이드라바드에 있는 성 요셉 성당! 인도 아이들과 부모들 수십 명이 자리에 앉아 있다. 그리고 강당 전면에는 "MilAl meets little hearts"라고 적힌 플래카드가 걸려있다. 이 아이들은 모두 심장병 수술을 한 아이들이다. 그것도 한국의 밀알심장재단을 통해서….

해마다 인도 오스마니아 종합병원과 협력하여 밀알심장재단이 수술을 해준 인도 아이들과 부모를 초청하는 행사이다. 현지에서 사역하고 있는 선교사님들과 식구들, 또 밀알심장재단 이정재 목사님과 식구들, 그리고 고현교회 단기 선교팀이 하나가 되어 심장병 수술을 한 어린 아이들과 부모를 초청하여 사랑의 나눔을 갖는 귀한 행사를 매년 갖고 있었다.

낯선 이방인들에 대해서 약간의 경계심을 갖는 듯하던 인도 아이들과 어른들이 고현교회 어린이 성경학교팀과 함께 레크리에이션과 찬양 시간을 가지면서 자연스럽게 친밀감을 갖는다.

인도 정부도 손쓸 수 없는 어려운 수술과, 막대한 수술비가 부담스

러워 수술을 포기했던 아이들을 한국의 밀알심장재단에서 찾아내어 수술을 해 준 것이다.

피부는 까맣지만 아이들의 웃음은 정말 해맑았다. 생명을 잃을 뻔한 아이들이 건강을 되찾은 모습을 바라보며 부모들도 환한 미소로 함께 답례를 한다.

2년마다, 그리고 올해로 4번째 단기 선교를 통해 방문한 인도! 처음에는 정말 접근하기 어렵고 선교하기 어려웠던 나라였지만, 밀알심장재단의 도움으로 선교사님들의 신분이 보장이 되고, 그 나라에서 NGO 사역을 통해 선교의 발판을 마련하고, 또한 단기 선교 사역까지도 자유롭게 감당하게 만들어준 밀알심장재단에 대한 고마움이 절로 느껴진다.

한국뿐 아니라 모든 민족을 향해 주님의 사랑의 손길로 찾아가 생명을 구하고 그들로 하여금 웃게 하는 밀알심장재단의 귀한 사역에 하나님이 계속하여 기름 부어 주실 줄로 확신한다.

가는 사역지마다 걸린 이런 슬로건이 눈에 많이 띄었다.

"Saving Heart! Smiling Face!"

정말 인도의 귀한 영혼들의 생명을 살리고 그들에게 웃는 모습을 선사하는 밀알심장재단을 위해 계속 기도한다.

"Yes! I love Jesus. Jesus is in my heart!"

아이들의 심장에 그리고 마음에 계신 예수님을 사랑한다는 그 고백! 이 일을 위하여 수고하는 밀알의 모든 직원들과 후원하는 모든 교회에 하나님의 축복을 기도한다.

인도 심장병 어린이를 위한 입양 운동이 일어나길 기대하며

- 인도 임권동 선교사의 글

Saving Lives & smiling Faces!

2002년, 인도에 밀알심장재단 지부가 설립되었습니다. 인도에 있는 안드라프라데시의 하이드라바드와 오릿사 커탁에 있는 두 개의 정부 병원과 계약을 체결하고 지금까지 약 100여명의 어린이들과 어른 심장병 환자들을 수술해오고 있습니다.

"죽어가는 생명을 살리고 잃어버린 웃음을 찾아주자"는 슬로건을 내걸고 사역해오면서, 꺼져가는 생명의 불이 다시 살아나는 것을 보면서, 의료팀과 환자의 가족들이 함께 기뻐하고 감사가 넘치는 순간들이 참 많았습니다. 그러나 수술실에 들어간 환자가 회복되지 못하고, 이 세상을 떠날 때에는 눈물을 흘리는 환자의 가족들과 함께 울기도 했습니다.

3년 전 어느 무더운 여름날, 교회 가까운 곳에 사는 가난한 한 가정에 심장병 환자가 있다는 것이었습니다. 아버지(잔나야)는 일용직 노동자로 살아가며 술을 좋아해서 가족들을 제대로 돌보지 못하는 상황이었고, 아들(사이들루)은 심장병에 걸려서 학교도 다니지 못할 뿐 아니라 병원에도 가보지 못하고 있는 상황이었습니다.

우리는 즉시 부모와 사이들루를 하이드라바드에 있는 오스마니아 병원으로 불렀고, 진단 결과 상태가 매우 좋지 않아 즉시 수술이 필요한 상황이었습니다. 수술을 하는 동안 위험한 고비가 있었지만 하나님의 은혜로 회복되었고 퇴원하게 되었습니다. 그러나 집으로 돌아가서는 도저히 사이들루를 돌볼 수 없는 상황이어서 결국 우리는 사이들루를 IGM에서 운영하는 꿈나무 어린이집에서 지내도록 조치하고 학교에도 재입학을 시켰습니다.

사이들루는 '꿈나무의집'에서 지내며 예수님을 영접했고 앞으로 좋은 선생님이 되겠다는 꿈을 키워가며 건강하게 생활을 하고 있었습니다.

그러던 어느 날, 가족들이 아이를 데리고 갔고 얼마쯤 시간이 흐른 후에 알아보니 아이의 건강 상태가 매우 나빠졌다는 것이었습니다. 즉시 아이를 병원에 입원시키고 상황을 알아보니 집에서 지내는 동안 반드시 먹어야 할 약도 제대로 먹지 않고 충분한 영양 공급이 되지 않아 상태가 악화되었다는 것입니다. 당연히 학교도 보내지 못했고, 교회에도 다니지 못했음을 알고 마음이 아팠습니다.

그리고 나서 얼마 후 우리는 사이들루가 죽었다는 소식을 전해 듣게 되었습니다. 수술 이후에 충분한 영양 공급과 정기적인 투약이 반드시 필요한데 가족들이 너무 가난하고 무지해서 아이를 잘 돌보지 못한 것이 이런 결과를 초래하게 한 것입니다. 이 사건을 경험하면서 밀알심장재단의 인도 사역이 이제는 수술을 돕는 것뿐만 아니라, 어린이 환자들이 수술 이후에 지속적으로 돌봄을 받고 학교에도 다녀서 장래에 영향력 있는 지도자로 자라가도록 돕는 일이 필요함을 알게 되었습니다.

이를 위해서 한국에서 어린이 심장병 환자들의 수술과 교육을 위해서 입양 운동이 일어나기를 기대합니다. 환자들을 입양하고 후원하여서 수술 이후에 아이들이 건강하게 자라나고 교육을 통해서 멋진 일꾼으로 세워지기를 원합니다.

2,000명이 1만 명, 1만 명이 10만 명 되는 그날까지!

- 밀알심장재단 이정재 회장

전 세계의 힘든 경제 여건으로 인해 기업과 교회, 가정 살림도 매우 어렵고 힘든 가운데서도 심장병 환자들을 생각하여 후원해주시고 도와주시는 여러분들의 사랑에 진심으로 감사를 드립니다.

1987년, 죽어가는 아이를 안고 살려달라는 부모의 음성을 듣고 그 두 명의 아이를 살리기 위해, 대우조선해양에서 일하다 떨어져 죽음 가운데서 살아나 받은 보상금으로 이 일을 시작하였습니다.

그리고 23년 동안 많은 천사들이 저의 힘든 손을 잡아 주어 한 명이 100명이 되고, 다시 100명이 1,000명이 되어 오늘 2,000명째 축하 행사를 할 수 있게 되었습니다.

오늘 힘든 가운데 시간을 내서 참석해주신 관계자분들과, 심장병 환자들을 내 자녀처럼 치료와 간호로 보살펴 주신 모든 병원 관계자들에게 감사를 드립니다.

말없이 10년 넘게 후원해주신 후원자 여러분, 참석하고 싶지만 올 수 없었던 세계 각국의 환자들과 밀알을 위해 헌신하는 지부장님과 선교사님들, 그리고 한국의 모든 후원자분들에게 하나님의 축복을 기도합니다.

끝으로, 오늘 참석해주신 밀알의 가장 소중한 후원자, 찬양가수, 목사님, 의사 여러분들은 이 시대의 진정한 심장병 환자들의 천사입니다. 여러분이 계심으로 인해 밀알은 앞으로 2,000명이 1만 명, 10만 명이 되는 역사를 여러분과 함께하고 계속 이어가고 싶습니다.

지금까지 달려온 모든 것이 하나님의 은혜이고, 앞으로도 하나님의 은혜인 줄을 알고 밀알심장재단은 2,000명이 1만 명으로, 1만 명이 10만 명으로, 전 세계의 모든 심장병 환자들이 마음껏 뛸 수 있는 그날까지 처음 마음으로 달려갈 것입니다.

여러분의 사랑과 마음에 진심으로 감사를 드립니다.

감사합니다.

새로운 생명의 밀알이 되기를 기원하며!

- 국회의장 김형오

안녕하십니까? 국회의장 김형오입니다.

지구촌 이웃사랑의 실천자 밀알심장재단이 2,000번째 심장병 어린이의 수술을 지원합니다. 참으로 아름다운 경사이자 무엇보다 값진 대기록입니다. 어린 생명이 다시 건강하게 뛰어놀 수 있기를 진심으로 소망합니다.

밀알심장재단은 지난 1987년부터 22년간 심장병 어린이에게 새 생명을 찾아주는 아름다운 선행을 실천해 왔습니다. 국경과 인종, 종교를 초월해 중국, 베트남, 이집트와 같은 20여개 국의 어린이들에게 따뜻한 온정을 베풀어 왔습니다.

남다른 희생정신으로 더불어 사는 사회를 만들기 위해 힘써 오신 이정재 목사님을 비롯한 재단 관계자분들, 그리고 보이지 않는 곳에서 후원해주시는 분들께 깊은 감사의 말씀을 드립니다.

어렵고 소외된 이웃을 돕는 것은 모두가 행복한 세상을 만드는 초석입니다. 우리의 작지만 값진 관심이 가정 형편상 수술을 받지 못하는 심장병 어린이들에게 꿈과 희망이 되어줄 것입니다. 내 이웃을 내 몸과 같이 사랑하라는 말씀처럼, 보다 많은 분들의 사랑의 손길이 3,000명, 4,000명, 그리고 더 많은 심장병 어린이들에게 새로운 생명의 밀알이 되기를 바랍니다.

함께하신 모든 분들께 하나님의 축복과 은총이 가득하기를 기원합니다. 감사합니다.

심장병 어린이들의 희망과 생명이 되어주길 기대하며!

안녕하십니까?

먼저, 밀알심장재단의 심장병 어린이 2,000번째 수술을 진심으로 축하드립니다.

이 일에 앞장서서 일하신 이정재 회장님을 비롯한 여러 관계자분들의 헌신적인 노고에 깊은 감사를 드립니다.

우리 주변에는 밝게 웃으면서 뛰어놀아야 할 어린이들이 심장병이라는 무서운 병으로 고통 받고 있습니다. 하지만 전 세계 많은 심장병 어린이가 수술비용, 낙후된 의료기술 등의 이유로 치료를 받지 못하고 목숨을 잃어가고 있습니다.

이에 밀알심장재단은 1987년부터 우리나라를 시작으로 중국, 인도, 베트남 등 전 세계 심장병 환자에게 수술을 지원하여 그 결과 지금까지 2,000명의 심장병 어린이가 새 생명을 얻게 되었습니다.

이처럼 심장병 수술 지원 사업을 성공적으로 수행해온 재단의 노력은 심장병 어린이들에게 희망과 생명을 불어넣는 데 큰 역할을 했습니다. 2,000번째 수술을 지원하기까지 헌신적으로 애쓰신 재단 여러분의 노력에 대해 감사드리며, 앞으로도 더 많은 지원과 노력을 부탁드립니다.

다시 한 번 밀알심장재단의 2,000번째 수술을 온 국민의 마음으로 축하드리며, 앞으로도 재단의 무궁한 번창과 발전을 기원합니다.

감사합니다.

전세계의

심장을 뛰게하라

초판 1쇄 발행 2012. 03. 07.
12쇄 발행 2023. 05. 05.

지은이 이정재
펴낸이 방주석
펴낸곳 베드로서원
주 소 10252 경기도 고양시 일산동구 고봉로 776-92
전 화 031-976-8970
팩 스 031-976-8971
이메일 peterhouse@daum.net
창립일 1988년 6월 3일
등 록 2010년 1월 18일 (제59호)
ISBN 978-89-7419-307-2 03230
책값 뒤표지에 있습니다.

ⓒ 이 출판물은 저작권법에 의해 보호를 받는 저작물이므로
무단 전재와 무단복제를 할 수 없습니다.

베드로서원은 말씀과 성령 안에서 기도로 시작하며
영혼이 풍요로워지는 책을 만드는 데 힘쓰고 있으며,
문서선교 사역의 현장에서 세계화의 비전을 넓혀가겠습니다.

나의 힘이신 여호와여 내가 주를 사랑하나이다(시 18:1)